변정수의

탐나는 하우스 파티

변정수의
탐나는 하우스 파티

정수제빵네 LifeStyle

변정수 지음

이덴슬리벨

찌뿌둥한 인생에 파티를! 인생이라 쓰고 파티라고 읽는다
변정수는 어떻게 파티 여왕이 되었을까?

나에게 파티는 마음의 스트레칭이다. 몸이 찌뿌둥한 날에는 잠깐 숨을 돌리며 스트레칭을 하듯 지친 마음에
도 스트레칭이 필요하다. 파티를 위해 장갑을 끼는 순간 나는 호스트도, 게스트도 아니다. 단지 노가다꾼! 머릿
속에 원하는 그림을 가득 펼쳐두고 그 그림을 집 안에 펼치기 위해 파티 플래너와 피를 토하듯 의견을 주고받
는다. 게스트가 어느 각도에 서 있더라도 파티의 중심에서 벗어나지 않도록, 그 순간을 모두가 즐길 수 있도록 동
선을 짜고 파티용 테이블을 배치한다. 늘어진 티셔츠를 입고 가렌드를 다는데 동분서주, 짬짬이 스태프의 식사
를 챙기고, 파티용 데커레이션 소품을 효과적으로 노출시키기 위해 끊임없이 아이디어 회의를 하느라 몸이 열
개라도 모자라다.

숨가쁨, 설렘, 흥분, 그 모두가 파티다.

못 믿겠지만 난 A형이다. 학창시절의 나를 아는 사람들은 지금의 연예인 변정수를 보곤 화들짝 놀란다. 소극
적이고 조용하고, 남의 말 한마디에 울고 웃던 변정수! 있는 듯 없는 듯했던 건 결국 상처받기 싫어서였다. 연예
인이 된다 한들 이 성격이 어디 갈까. 후배에게는 멋진 우상이 되어야 하고, 대중에게는 완벽하게 보여야 하는
삶은 실제로는 나약하기 그지없는 나를 무척 힘들게 했다.

어느 날 조재현과 배종옥이 출연한 연극 〈그와 그녀의 목요일〉을 봤다. "용기는 냉철하고 정확한 자기 판단을 바탕으로 원하는 바를 얻는 것이고, 비겁함은 자기 자신을 인정하는 사람이 할 수 있는 솔직한 행동"이란 대사를 듣고 새삼 깨달았다. 용기란 자신을 인정하는 거라는 걸.

돌이켜보면 난 나를 인정하지 않았다. 인정할 줄 몰랐던 거다. 그러니 가면을 쓴 채 살았던 거고. 대학 입학과 동시에 결혼과 출산, 모델로 전성기를 보내고, 라디오 진행, 둘째 출산, 미국 유학, 배우 활동, 브랜드 론칭까지. 누구보다 빠르게 인생의 방향을 결정하고 가정과 일, 모두에서 성공을 거두었지만 그 안에 나 변정수를 위한 시간은 얼마나 됐을까? 진짜 나를 보여 줄 기회가 있었을 수도 있지만 용기를 내지 못한 난 그저 연예인 변정수라는 이름 뒤에 숨어서 살았다.

그러던 어느 날, 서른일곱 살 되던 해.
갑상선암 선고를 받았다. 갑자기 전력질주하던 삶에 급브레이크가 걸렸다. 스스로가 아닌 타의에 의한 멈춤. 아직 어린 두 딸을 볼 때마다 눈물이 흘렀다. 화장기를 지우고 아이들과 텃밭을 일구며 살려 했던 내 미래가 산산조각 나는 것 같았다. 남편의 어깨에 너무 큰 짐을 지운 것만 같아 마음이 아팠다.
무서웠고 눈물이 났지만 계속 울고 있을 수는 없었다. 나는 엄마이기에, 아이들에게 멋진 엄마의 모습을 보여주고 싶었다. 타의에 의해 멈춰진 내 인생. 이제는 스스로 브레이크를 걸고, 나로서 살아가야 할! 그 깨달음 이후 리마인드 웨딩을 준비했다. 가슴으로 낳은 세계 곳곳의 나의 아들, 딸 32명과 가족이 함께하는 리마인드 웨딩을!
리마인드 웨딩 파티를 계기로 나의 삶은 달라졌다. 갑상선암을 극복했듯 껍질에 쌓여 있던 가식적인 변정수도 완벽하게 극복! 지금 나는 늘 생각한다. 우리 가족의 오늘을 행복하게 할 파티는 무엇일까? 어떤 파티로 우리 가족을 웃게 해 줄까?

도전하지 않으면 아무것도 이룰 수 없다. 나이 마흔이 되었어도 쉽게 이룰 수 있는 건 없다. 아이들에게 웃음을 주기 위해서는 엄마와 아빠가 한몸이 되어 뒹굴기도 하고, 하우스 파티를 열기 위해서는 시시때때로 집 안을 재정비하고 마당을 꾸미며 부지런히 몸을 혹사시켜야 한다. 힘들 수도 있다. 그래도 그 결과를 생각해 보라. 재미있는 장식으로 가득한 포토월에서 아이들과 사진을 찍고, 코스튬 복장을 입은 동네 친구들을 잔뜩 불러서 마녀주스를 마시는 행복을!

도도하게 드레스업한 모습이 파티 속의 내 모습일 거라 상상한다면 완벽한 오산. 오늘도 나 변정수는 장갑을 끼고 바닥에 스카시 작업을 한다. 맨발로 마당을 뛰어다니며 벤치를 재배치한다. 이것이 진정한 파티의 여왕!
놀 줄 알고, 즐길 줄 아는, 그러기 위한 도전을 두려워하지 않는 변정수가 간다!

Contents

Ready!! to the Party

STEP 1

기초공사를 튼튼히, 파티 플랜

파티의 규모에 따라 누구의 도움을 받을지에 대한 결정이 뒤따라야 한다. 더욱이 100명 이상의 인원을 초대하는 대규모 파티라면 당연히 전문가의 손을 빌려야 한다. 전체적으로 파티를 진행할 파티 플래너, 음식을 만들고 데커레이션해 줄 푸드 스타일리스트, 경우에 따라 이벤트를 이끌어 줄 레크레이션 강사 등 전문가가 동원되어야만 대규모 파티를 그럴듯하게 치를 수 있다.

보다 소규모 파티일 경우 꼼꼼하게 계획을 짠다면 누구나 해낼 수 있다. 파티를 하는 이유, 파티가 열리는 장소와 시간대, 초대하는 인원, 게스트의 연령대와 친밀도, 공통된 관심사 등. 이모든 것들을 파티 계획을 세우기 전에 고려해야만 파티를 성공적으로 이끌어낼 수 있으니 소홀히 하지 말자.

파티 계획을 세울 때 흔히 머릿속에 떠오르는 추상적인 이미지에 의존하기 쉬운데, 이는 매우 위험하다. 파티의 세부적인 방향성이 정해졌다면, 파티의 데커레이션을 포함한 전체적인 세팅에 도움이 될 구체적인 시안을 찾아보자. 영화나 잡지에서 본 장면, 인터넷을 뒤적거려 찾아낸 남의 파티 모습 모두가 훌륭한 시안이 될 수 있다. 단 시안은 그대로 따라 하기 위한 것이 아닌 나만의 파티 스타일을 구현하기 위한 힌트이므로 반드시자신의 개성을 더하는 것이 중요하다.

이 모든 것이 준비되었다면 이제 예산 계획을 세우고 파티 플랜을 꼼꼼히 적어 보자. 머릿속으로 백날 정리해 봐야 워낙 챙겨야 할 게 많은 호스트의 입장에서는 헷갈릴 수밖에 없다. 파티 보드를 하나 만들어놓는 것도 좋다. 파티 준비가 시작되는 시점(보통 3주 전부터는 세울 것!)부터 눈에 잘 보이는 곳에 보드를 걸어놓고 생각날 때마다 메모를 한다면 꼼꼼하고 명확한 플랜을 짤 수 있다.

STEP 2

파티의 밑그림, 콘셉트

파티를 보다 짜임새 있고 완성도 높게 연출하기 위한 중요한 단계가 콘셉트를 명확히 하는 것이다. '할로윈 파티'는 콘셉트가 아니다. 파티의 종류일 뿐. 같은 할로윈 파티여도 좀비 영화 속한 장면처럼 정말 호러 분위기로 콘셉트를 정할 수도 있고, 마녀나 난쟁이가 등장하는 동화 같은 콘셉트로 할 수도 있으니 명확하고 세분화된 콘셉트가 필요하다.

콘셉트라고 해서 어렵게 생각할 필요는 없다. 어떤 목적이 없는 파티라면 초대하는 인원의 성향을 파악해 콘셉트를 정하면 된다. 예를 들어 가족 단위 파티라면 운동회를 콘셉트로 해서 다들 운동복을 입고 오는 거다. 마당에서 간단한 운동회를 하고 음식도 김밥이나 아빠들의 향수를 자극할 양은 도시락을 준비한다면 이것 역시 콘셉트가 될 수 있다. 글래머러스, 펑키, 앤티크 등 좋아하는 키워드를 파티와 접목시켜 정할 수도 있다. 특히 예쁘고 기발한 파티를 하고 싶다면 이런 키워드는 데커레이션을 할 때 도움이 된다.

콘셉트를 정할 때 함께 정해야 할 부분이 바로 메인 컬러다. 시각적인 효과가 매우 중요한 데커레이션의 경우 어떤 컬러를 메인으로 정하느냐에 따라 전체적인 분위기가 달라진다. 콘셉트에 맞춰 컬러(빈티지 분위기라면 아이보리로, 고급스럽고 화려한 분위기라면 골드로)를 정한다면 조화를 이끌어내는 것도 어렵지 않다. 컬러를 정할 때는 빨간, 파랑, 노랑처럼 원색보다는 베이비 핑크나 민트처럼 은은하고 부드러운 파스텔 계열에서 정해야 실패할 확률이 낮다. 또한 크리스마스라고 해서 레드 같은 진부한 컬러로 메인 컬러를 정하기 보다는 자신의 개성을 드러낼 수 있는 컬러로 고른다.

리마인드 웨딩 컬러 콘셉트	Mint	Sepia
할로윈 파티 컬러 콘셉트	Orange	Black

STEP 3
파티의 메신저, 초대장

스마트폰으로 실시간 뉴스 검색을 하면서도 신문이 사라지지 않는 건 여전히 손 안에서 바스락거리는 종이의 실물이 더 현실적으로 다가오고 익숙해서 좋기 때문이다. 파티 초대장 역시 그러하다. 핸드폰 메시지로 수없이 초대를 해도, 직접 만든 초대장의 정성을 이길 수는 없다.

초대장의 역할은 단순히 '언제 어디로 오세요'란 정보를 전달하는 것으로 끝나지 않는다. 상대방이 초대장을 받는 순간 이 파티의 전체적인 이미지가 그려지고, 호스트가 이 파티에 쏟아부은 정성 혹은 센스를 느끼게 하는 것이 핵심이다. 때문에 게스트가 마주하는 파티의 첫 번째 얼굴이라 해도 과언이 아니다.

기존의 카드를 활용하는 것도 방법이지만 이왕이면 나만의 파티 초대장을 만들어보자. 전문 업체에 의뢰해서 만드는 건 어렵지 않다. 파티의 콘셉트가 연상되는 디테일과 컬러를 조합해 대략의 디자인 시안을 만들어 문구와 함께 요청하면 끝! 단 제작에서 발송까지 넉넉히 5일 정도는 걸리므로 발 빠르게 움직여야 한다. 또한 호스트의 성성이 느껴지는 손글씨를 살짝 가미한다면 받는 게스트 입장에서도 파티에 참석해야겠다는 기분 좋은 압박을 받는다. 문장일 필요도 없다. 게스트의 이름을 정성 들여 쓰는 것만으로도 충분하다.

아이들 생일 파티를 할 때는 직접 만드는 경우가 많다. 도화지에 크레파스로 꼭꼭 눌러 쓴 초대장은 보기만 해도 웃음이 날 만큼 귀엽다. 이럴 때 엄마가 도와준다면 조금 더 완성도 높은 초대장을 만들 수 있다. 막대사탕의 사탕 부분에 초대 문구를 쓴 초대장은 아이들의 눈높이에 맞아 귀여울 뿐만 아니라 파티장에 왔을 때 준비된 볼 안에 꽂게 해서 데커레이션 아이템으로도 활용할 수 있다. 아이들 사진을 시트지에 프린트해 예쁜 색깔의 종이에 붙인다면 별다른 장식이 없이도 훌륭한 카드가 된다.

어떤 카드라 할지라도 꼭 넣어야 할 건 결국 정보다. 파티 일시, 장소, 콘셉트 등을 꼼꼼하게 적어 넣고, 필요한 경우에는 약도도 첨부한다. 최근 파티에서는 드레스 코드를 정하는 경우도 많으므로 사전에 초대장을 통해 공지한다. 하우스 파티는 주차 문제도 관건. 인근의 유료 주차장 주소를 함께 적거나 '대중교통을 이용해 주세요. 선착순 3대까지만 주차 가능합니다.' 등 애교 있는 당부를 남겨야 아빠가 발레파킹 요원으로 변신하는 불상사를 줄일 수 있다.

STEP 4
공간의 재해석, 데커레이션

전체적인 콘셉트 설계가 끝났다면 이제 두 팔 걷어붙이고 작업에 착수할 때다. 일단 공간을 최대한 비워서 동선을 확보하고 치울 수 없는데 지저분해 보이는 가구가 있다면 아예 하얀 천을 씌워 두는 것도 방법이다.

소품은 모두 준비했지만 막상 휑한 공간을 바라보며 어디서부터 손을 대야 할지 막막하다면 일의 순서를 기억하라. 메인부터 사이드로, 큰 것부터 작은 것 순으로 작업해야 전체적인 그림을 그려가며 일할 수 있어 수월하다. 실내에서 하는 파티라면 일단 테이블을 중심으로 잡을 것. 스탠딩 파티를 제외한 대부분의 파티는 테이블이 파티의 중심이 된다. 테이블의 위치를 잡고, 테이블클로스를 깔고 나면 공간의 느낌과 테이블의 느낌이 어울리는지 판단할 수 있다. 그리고 가렌드와 세컨드 테이블 (웰컴 테이블 같은)을 놓고, 그 외 부수적인 요소를 채워 나가면 쉽다. 정원에서 열리는 파티라면 동선을 고려해 덩치가 큰 소품들부터 세팅한다. 가렌드와 테이블은 기본, 경우에 따라 설치되는

큰 새장이나 스크린, 파라솔, 의자 등 덩치가 큰 소품들부터 세팅해야 데커레이션이 완성된 후 구도가 마음에 안 들었을 때 이리저리 옮기는 수고를 줄일 수 있다. 소소한 소품을 세팅할 때는 빈 공간을 채운다는 느낌으로 하면 된다. 예쁜 일러스트로 만든 시트지를 곳곳에 붙이고, 가렌드가 설치되지 않은 모서리 부분에는 행잉폼폼을 늘어뜨리는 것만으로도 데커레이션이 완성된다.

패브릭 소품은 하우스 파티의 아기자기하고 따뜻한 분위기를 만들어 주는 중요한 소품이다. 뿐만 아니라 우중충하고 오래된 벽지 때문에 파티 데커레이션이 고급스럽게 느껴지지 않을 때는 생동감 넘치는 패턴의 패브릭 소품—소파 커버, 담요, 쿠션 등—을 적극적으로 활용한다. 겨울에는 니트 아이템도 추천한다. 안 입는 니트의 소매 부분을 잘라 병이나 화분의 커버로 사용하거나 니트 양말을 오너먼트처럼 벽에 걸면 파티 분위기가 한층 훈훈해진다.

STEP 5
분위기를 살리는 음악 고르기

파티에서 음악은 절대 빠질 수 없는 신의 한 수다. 음악이 있고 없고에 따라 파티 분위기가 달라지는데 시끄럽지 않으면서도 흥을 돋울 수 있는 센스 만점의 선곡이 쉽지만은 않다. 호스트의 취향에 맞더라도 손님들이 좋아할지는 또 미지수. 그러니 파티를 준비는 과정에서 재미도 있지만 그만큼 어려운 일이 음악 선곡이라 하겠다.

하나, 보통 파티 음악을 선곡하기에 앞서 가장 먼저 고려해야 하는 것이 파티의 목적, 즉 어떤 파티인지를 확실히 하는 것이다. 그러면 파티 게스트들의 연령, 성별, 집단의 성격 등이 파악된다. 게스트들의 성향을 알면 파티 음악 선곡이 보다 수월해진다. 게스트들이 평소에 주로 많이 듣고 편안해 하는 음악을 선택하자.

둘, 파티를 할 때 한 가지 장르만 선곡하는 것보다 Opening – Lunch or Dinner – Event – Closing 등 파티 프로그램에 따라 어울리는 음악 장르를 몇 가지 준비한다. 성인들의 하우스 파티는 오프닝에 누구나 편안하게 들을 수 있는 라운지 음악을 시작으로 식사 때는 파티의 목적과 성향에 가장 어울리는 음악(POP, 힙합, 발라드, 클래식, 뉴에이지 등)을 선곡하고 프로그램 중 이벤트가 있다면 재미와 유머를 줄 것인지, 감동을 줄 것인지에 따른 음악 선곡을 한다. 클로징으로는 차분한 재즈 음악으로 마무리해도 좋다. 그리고 아이들 파티에는 한창 화제가 되고 있는 애니메이션 OST 선곡도 괜찮다. 특히 아이들이 함께 노래를 따라 부르거나 음악에 맞춰 춤을 추는 것도 파티에 적극적으로 참여시킬 수 있는 방법 중 하나다.

셋, 보다 전문적인 파티 기획이나 파티 음악 선곡이 필요하다면 파티 음향 전문 회사의 도움을 받을 수도 있다. 파티 장소의 규모에 따라 여러 음향 장비를 대여할 수 있고, 파티 콘셉트에 따라 선곡된 음원도 대여할 수 있다. 또 경우에 따라 라이브 뮤직이 필요할 때는, 클럽 분위기 연출을 위해 DJ 섭외도 가능하다.

STEP 6
알찬 한상, 메뉴 정하기

파티에서 메뉴를 정할 때 무엇을 먹을지 만큼이나 어떤 상황에서 어떻게 먹는지에 대한 고민이 필요하다. 때문에 파티에 참석하는 인원, 연령대, 시간대, 장소, 계절 등 고려해야 할 요소가 매우 다양하다. 대규모 인원일 경우 케이터링과 도시락으로 스탠딩 파티에 어울리는 형식의 메뉴가 필요하고, 가을철 야외에서 진행되는 파티에서는 따뜻한 국물이나 뱅쇼가 필수이며, 글램핑에서는 바비큐를 빼놓을 수 없는 것처럼 상황에 따른 메뉴 구성은 호스트의 센스와 배려를 가늠하는 가장 중요한 잣대다.

메뉴를 정하기 어려울 때는 포트럭 파티로 정하는 것도 괜찮다. 각기 좋아하는 음식을 사 오건, 만들어 오건 자유. 10명이 참석하면 10가지, 20명이 참석하면 20가지의 음식을 즐길 수 있다는 장점이 있다. 물론 이 모든 음식을 데우고, 세팅하는 건 호스트의 역할. 미리 메뉴를 조율해 겹치는 것을 빼고, 필요한 식기류와 소품을 챙기는 센스가 필요하다.

직접 메뉴를 준비해야 하는데 만들 자신이 없다면 반조리 제품을 구매하는 것도 현명하다. 메인이 될 주류를 정하고 그에 어울리는 과일, 샐러드, 핑거푸드를 간단하게 차려 내면 문제 없다. 직접 요리를 해야 한다면 메인 메뉴를 중심으로 약간의 사이드 메뉴만으로 충분한 구성을 짠다. 이때 필요한 것이 바로 제철의 신선한 재료. 예를 들어 한겨울에는 한창 제철인 신선한 석화와 레몬, 보드카에 간단한 핑거푸드만 준비해도 풍성하고 맛있는 메뉴 구성이 가능하다.
아이들에게는 두말할 필요 없이 여전히 김밥과 떡볶이가 최고다. 시판되는 믹스 제품(브라우니나 와플 같은)이라도 과일을 예쁘게 세팅하거나 파티 분위기가 가득한 앙증맞은 픽을 꽂는다면 파티 메뉴로 부족함이 없다.

케이터링 업체를 부를 때도 게스트의 취향에 맞는 메뉴 구성은 결국 호스트의 몫이다. 업체에 구성원의 성향과 시간대를 간략하게 이야기하면 도움을 받을 수 있다. 케이터링 업체에서는 식기류도 함께 준비해 주지만, 아이들이 있을 경우 플라스틱 식기류를 요청하는 등 호스트가 꼼꼼히 체크해서 준비해야 당황하는 일이 발생하지 않는다.

STEP 7
기분 좋은 한잔, 웰컴 드링크

파티에 술이 빠질 수 없다. 그렇지만 잔뜩 취하다 보면 파티인지 술자리인지 헷갈릴 수 있으므로 적당한 양의 술과 함께 곁들일 음료를 준비하자.

주류를 선택할 때는 메뉴와 어울리는 종류로 선택해야 한다. 메인 요리가 해산물인데 레드 와인을 준비하는 초보적 실수를 범하지 않는 것이 기본. 메인 요리와 어울리는 주류를 선택해야 안주를 따로 준비해야 하는 번거로움을 줄일 수 있다. 단 위스키를 선택했다면 초콜릿과 육포처럼 간단하게 즐길 수 있는 주전부리 준비는 필수다.

또한 여름에는 스파클링 와인이나 펀치, 겨울에는 사케와 위스키처럼 계절에 맞는 주류 선택도 필요하다. 물론 기호식품인 만큼 게스트가 싫어하는 술의 종류가 있을 수도 있다. 위스키 파티여도 간단한 와인이나 맥주를 준비하는 등 주류의 종류를 한 가지로만 국한하지 말 것.

먹고, 마시고, 즐기고! 테이블 세팅

테이블 세팅을 하기 전에는 스탠딩 파티인지 테이블 파티인지 먼저 정할 것. 스탠딩 파티일 때에는 긴 테이블을 바처럼 놓고, 그 위에 음료와 음식을 덜어 먹기 편하게 세팅한다. 차갑게 먹는 음료는 유리볼에 얼음과 함께 세팅하고, 따뜻한 음식은 주로 워머에 촛불을 켜서 온도를 유지시킨다.

테이블이 중심이 되는 파티에서는 전체적인 공간 데커레이션만큼이나 테이블 세팅에 공을 들이게 마련. 그러나 언제나 과유불급! 테이블을 세팅할 때도 강약 조절이 필요하다.

일단 어떤 부분에 집중할 것인지 선택한다. 테이블클로스를 패턴이 있는 화려한 디자인으로 선택했다면 테이블 매트나 티타월을 심플한 것으로 세팅한다. 테이블클로스를 깔지 않거나 단색으로 준비했다면, 반대로 냅킨이나 티타월, 테이블 매트 등으로 포인트를 준다. 이때 테이블클로스를 제외한 패브릭 아이템의 패턴을 비슷한 계열로 선택하거나 컬러톤을 맞추면 세팅하기가 쉽다.

게스트가 많아지다 보면 그릇이 모자랄 수 있다. 꼭 한 세트로 사용해야 된다는 강박관념은 버리길 권한다. 음식을 담는 접시를 각기 다른 종류로 선택하되 앞접시를 통일하면 균형있게 세팅할 수 있다. 또한 케이크를 담는 3단 접시처럼 스탠드형 그릇을 몇 가지 섞으면 전체적으로 입체감이 느껴지도록 완성할 수 있다.

꽃 장식 역시 테이블을 세팅할 때 중요한 요소 중 하나. 테이블이 넓다면 중앙에 센터피스를 화려하게 두는 것보다 여러 개의 화병을 중간중간 배치하는 게 훨씬 균형 있어 보인다. 꽃만큼 중요한 화병 선택. 화병이 다 똑같다면 오히려 딱딱한 느낌이 든다. 패턴이나 사이즈, 컬러를 자유롭게 선택하면 다른 데커레이션이 필요 없을 정도로 테이블에 리드미컬한 느낌이 더해질 것. 단 이때는 꽃의 컬러를 통일해 너무 복잡해 보이지 않도록 조절한다. 최근에는 개인용도 각광받고 있다. 작은 유리볼이나 빈티지한 작은 병에 줄기를 자른 꽃을 한두 송이 꽂아 각 개인 자리에 놓으면 아기자기한 분위기를 연출할 수 있다.

네임 태그는 게스트에게 특별한 감동을 줄 수 있는 정성스러운 소품이다. 꼭 어렵게 만들 필요 없다. 컬러감을 통일한 종이를 명함 사이즈로 잘라 게스트의 이름을 적어서 자리에 세워두는 것만으로도 충분하다. 혹은 원하는 이미지를 시트 커팅해 이니셜과 함께 매치시키면 훌륭한 데코 소품이 된다. 만약 정기적인 파티라면 이전 파티에서 찍은 사진을 인화해 이름 대신 사진을 올려놓으면 작은 정성으로도 충분히 큰 감동을 선사할 수 있다.

즐길 거리는 확실하게! 이벤트

파티에서 먹는 것 외에 딱히 할 것이 없다면 난감하다. 더욱이 파티에 참석하는 인원이 호스트와는 알지만 다른 게스트와는 잘 모르는 사이라면 어색함은 하늘을 찌를 것이다. 이럴 때 필요한 것이 바로 이벤트.

간단한 게임도 좋지만, 이왕이면 잠깐 즐기고 잊혀지는 놀이보다는 여운이 남는 이벤트를 기획해 보는 건 어떨까. 가장 대표적인 이벤트가 바로 물물교환이다. 버릴 수는 없고, 필요하지는 않은 소장품을 대방출하는 거다. 누군가에겐 장롱 속 짐이 누군가에게는 꼭 필요한 알찬 아이템이 될 수 있으니 우리를 위해서도, 환경을 위해서도, 가계를 위해서도 완벽한 일석삼조. 호스트의 위트 있는 진행 아래 한 명씩 소장품을 소개하게 하여 옥션처럼 가격 입찰에 들어가면 어떨까. 이왕이면 번호 푯말도 준비해 진짜 옥션처럼 우아하게 경매를 진행해 보자. 돈으로 지불할 수도 있지만, 자신이 가지고 있는 물건과 교환할 수도 있는데 이때는 물건의 가치만큼이나 프레젠테이션 능력이 주요할 테니 재치 넘치는 멘트도 준비해 보자.

흔하게 많이 하는 이벤트로는 장기자랑이 있다. 그러나 호불호가 나뉠 수도 있는 만큼 주의해야 한다. 자칫 모두에게 부담만 주는 프로그램이 될 수 있다. 물론 아이들을 초대한 파티라면 다르다. 아이들이 참여하는 장기자랑은 분위기를 화기애애하게 돋우고 서로 친해질 수 있는 기회도 제공하니까. 이때는 어른들끼리 십시일반으로 준비한 선물로 또 다른 재미를 주는 것도 좋다.

즉석에서 사진을 찍어 프린트하는 디지털 프린트기를 설치한다면 짬짬이 재미있게 놀 수 있다. 여기에 한 가지 센스를 더하고 싶다면 색색깔의 펜과 메모지를 준비할 것. 게스트가 직접 파티에 대한 소감을 적고 사진과 함께 벽에 붙인다면 두고두고 추억이 될 방명록이 탄생한다.

STEP 10
두근두근 설렘이 가득, 구디백

구디백은 집을 방문한 아이들에게 소소한 선물을 예쁜 봉투에 담아 선물로 줬던 미국 문화에서 유래했다. 잔칫집에 가면 먹고 남은 음식을 싸 주는 우리네 문화와 비슷하다. 호스트가 정성스레 준비한 구디백을 선물한다면 파티의 여운은 훨씬 오래갈 것이다.

아이들의 생일 파티에서 구디백은 선택이 아닌 필수다. 수제 쿠키나 컵케이크가 대표적. 그렇지만 생일 파티에서 실컷 먹은 메뉴인지라 그다지 매력적이지는 않다. 이럴 때는 예쁜 연필이나 공책에 생일 주인공의 이름이 쓰인 메모를 붙여 투명한 비닐로 포장해 보자. 조금 노력이 들어가지만 아이들에게는 사탕꾸러미보다 훨씬 의미 있는 선물이 된다.

어른을 위한 구디백 아이템 중 가장 인기 있는 것은 다름 아닌 와인이나 샴페인. 미니 사이즈도 많으니 가격 부담을 덜 수 있다. 호스트의 메시지가 담긴 라벨을 직접 제작해 붙인다면 소장 가치가 높아질 듯.

실용성보다 의미에 더욱 가치를 둔다면 파티에서 호스트가 직접 게스트를 폴라로이드로 찍어 메시지를 적은 후 예쁜 프레임에 담아 주면 어떨까? 물론 파티 진행으로 정신 없는 와중이지만 미리 봉투와 프레임만 준비해 두면 못할 것도 없다. "오늘의 드레스 코드 정말 멋져요" "준비해 주신 선물 덕분에 이벤트가 더욱 풍성해졌어요" 등 파티 당일에 있었던 에피소드나 감사의 마음을 꼼꼼하게 적는다면 그 가치는 훨씬 커질 것이다.

구디백은 아니지만 파티의 현장을 직접, 혹은 포토그래퍼를 고용해 스냅 형식으로 찍은 후 앨범으로 만들어 선물하는 것도 의미 있다. 함께 했던 파티의 순간이 기록된 만큼 소장 가치는 남다르다. 더욱이 나도 모르는 표정, 게스트들의 재미있는 상황들, 감동적이었던 부분들이 꼼꼼하게 기록된 앨범은 파티 멤버들에게 공통된 관심사가 되고 친밀도를 높이는 데 도움이 된다.

STEP 11
젠틀맨 & 레이디를 위한 파티 매너

 호스트의 매너

1 기본적인 참석확인(RSVP)은 필수. 초대장만 보내는 것이 아니라 통화나 메시지를 통해 한 번 더 확인하는 것이 바쁜 시간을 내 준 게스트에 대한 기본적인 예의다.

2 지나치게 어려운 드레스 코드를 자제하라. 게스트에게 새 옷 마련에 대한 부담을 줄 수 있다.

3 음식과 음료는 풍성하게. 모자라는 것보다 남는 게 낫다. 남는 음식은 구디백에 함께 포장해서 줄 수도 있으니 넉넉한 인심을 발휘할 것.

4 백조가 될 것. 눈으로는 게스트에게 필요한 것들을 빠르게 잡아내되 절대 바쁘게 움직이는 티를 내서는 안 된다. 게스트에게 부담이 될 테니.

5 잘 모르는 게스트들끼리는 반드시 인사를 시킨다. 파티에 모인 이들의 친밀도 상승 역시 호스트가 책임져야 할 부분이다.

6 한 사람과 오래 대화하지 말 것. 다른 게스트들이 소외감을 느낄 수 있다.

7 공통된 주제의 대화를 유도해 내라. 호스트를 중심으로 이어진 인맥인 만큼 대화의 주제를 조율할 수 있는 존재는 그 누구도 아닌 호스트다.

8 파티가 시작될 때와 끝날 때가 가까워 오면 자리를 뜨지 말고 가능한 한 입구와 가까운 곳에서 움직일 것. 떠나려는 게스트들이 호스트를 찾아다니는 번거로움을 줄일뿐더러 골고루 구디백을 전달할 수 있다.

9 마지막 게스트가 떠날 때까지 파티는 끝난 것이 아니다. 너무 늦은 시간이 아니라면 게스트들이 원하는 시간에 떠날 수 있도록 파티의 막을 내리지 말 것.

10 놓고 간 물건을 정리하고 함께 찍은 사진을 인화해 선물했을 때 비로소 파티가 끝이 난다. 언제나 뒷모습이 아름다워야 진짜 아름다운 법.

 게스트의 매너

1 시간 약속은 칼같이! 파티가 시작될 때는 호스트의 인사말이 있을 수도 있는데 이럴 때 지각하는 건 결례다. 지나치게 일찍 오는 건 더한 결례다.

2 빈손으로 가지 말 것. 와인 한 병, 꽃 한 다발이라도 준비하자. 포트럭일 경우 정성스러운 메뉴를, 물물교환이 있다면 누가 봐도 탐날 만한 아이템을 고심해서 들고 가야 한다.

3 드레스 코드가 있는지 확인하고 맞춰서 입어라. 드레스 코드에 어긋난 복장 때문에 순식간에 파티장의 외계인이 될 수도 있다.

4 동반자가 있다면 사전에 호스트에게 알릴 것. 인원에 맞게 음식을 준비해야 하는 호스트에 대한 배려다.

5 드렁큰 타이거는 이제 그만. 적당한 취기는 파티 분위기를 무르익게 하지만 지나친 취기는 파티를 막 내리게 한다.

6 식탐을 자제한다. 맛있게 먹되 적당히 먹고 파티를 즐기자.

7 전화 통화는 간단히. 파티가 지루하다는 인상을 남길 수 있다.

8 이벤트를 함께 즐겨라. 팔짱 끼고 지켜보는 건 방청객의 덕목이다.

9 파티장을 떠날 때는 적당한 타이밍을 고민해라. 한창 파티가 무르익었을 때 부득이하게 자리를 떠야 한다면 호스트에게만 살짝 인사를 하고 떠날 것. 반대로 밤이 늦으면 알아서 정리를 하고 떠나는 것이 센스다.

10 파티 다음 날에는 호스트에게 감사의 인사를 전한다. 뒷정리 때문에 구슬땀을 흘리다가도 정성스러운 감사의 메시지를 받는다면 호스트는 고래처럼 춤출 것이다.

About the Party

변정수가 제안하는
6가지 파티

인생의 리마인드를 위하여, Remind Wedding

얘들아, 엄마 아빠 또 결혼해!
오래전 그날을 떠올리며…….
이 순간, 함께하는 사람들과 행복을 ∼
제2의 인생을 사는 거야.
정원이 친구들의 축가와 채원이의 기타 연주는
마지막 화룡점정!
아빠의 세리모니 댄스와 함께한 17년, 뒤늦은 프러포즈!!
앞으로 더 잘 살아보자.
오래된 빈티지 가구와 어우러진 케이트 모스 결혼식장 빙의하기.
내가 좋아하는
민트! 화이트! 퍼플!로 자연스럽게∼.

H··· 내 인생의 마지막 파티라면···?

언제나 정주행하는 내 인생에 존재하지 않을 것 같았던 일이 벌어졌다. 2011년 갑상선암 판정을 받은 것이다. 그 당시 몸에 탈이 안 나는 것이 이상할 정도로 일에 미쳐 있긴 했다. 아무리 그렇다 해도 암 판정을 받았을 때 내 나이 겨우 서른일곱 살. 화장기 가득한 연예인으로서 화려한 변정수가 아닌 멋진 남편, 사랑스러운 두 딸과 함께 텃밭을 일구며 풋풋한 흙내음을 묻히며 살고 싶었다. 그리고 그 꿈이 전원주택으로 이사를 하며 막 이뤄지려던 참이었다. 내 자신을 모두 다 보여주지 못했기 때문에, 이루지 못한 것이 너무나 많았기에 처음 그 병명을 들었을 때 억울하기만 했다. 더욱이 정원이는 다섯 살, 너무 어렸다. 채원이는 열일곱 살. 이제 막 멋을 내며 아가씨가 되어가고 있었다. 그 두 아이가 나의 목을 꼭 안고 살을 부빌 때면 가슴이 미어졌다. 잘못되면 어떡하나, 남편과 두 딸에게 상처로 남으면 어떡하나, 아이들에게 아픈 엄마의 모습이 마지막 기억이 되면 어떡하나. 만약, 만약, 온통 만약에 대한 걱정만이 머릿속을 채웠다.

정신을 가다듬었다. 아이들에게 엄마가 아프다는 고백을 하기 전, 뭔가 특별한 추억을 만들어주고 싶었다. 마침 인생의 톱니바퀴가 이래저래 딱 맞물리는 시기였던 것 같다. 집들이를 해야겠다 마음도 먹은 터였고, 아프리카 말라위에 짓기로 한 맘센터 3호를 위해 기부금 조성도 필요했다. 망설임 없이 나의 두 딸과 가슴으로 낳은 아이 32명의 아이들을 위해, 그리고 17년간 함께한 우리 부부를 위한 웨딩 파티 준비에 돌입했다. 내 인생의 마지막 파티가 될 수도 있다는 생각에 아주 작은 부분까지도 직접 만들고 고민하며 나를 위한 웨딩 데이를 준비했다.

그렇게 마음을 쏟아 준비한 나의 리마인드 웨딩 파티의 기록을 공개한다. 파티를 준비하는 순간부터 함께한 사람들, 감동스러웠던 이벤트, 눈물과 웃음까지. 평생의 추억이 된 나의 리마인드 웨딩이 지금 시작된다.

잘못되면 어떡하나,
남편과 두 딸에게 상처로 남으면 어떡하나,
아이들에게 아픈 엄마의 모습이
마지막 기억이 되면 어떡하나.
그렇게 시작된 나의 리마인드 웨딩 파티!

D-1, 파티는 이미 시작되었다

❶ 다이닝 룸에 마련된 테이블은 6월의 햇살을 피하기 위한 필수적인 공간. 잠깐의 휴식을 즐길 수 있도록 세팅하되, 미니 드레스와 가족 사진으로 볼거리를 제공했다. ❷ 내가 특별히 주문한 웨딩 케이크의 메인 컬러는 라일락 컬러. 하이라이트는 토퍼! 도망치는 신부의 웨딩 드레스 자락을 밟고 있는 신랑의 모습이 재미있다. ❸ 퍼플과 민트는 내가 머릿속으로 그려온 리마인드 웨딩의 상징과도 같은 컬러였다. 테이블 위에 깃든 민트와 퍼플의 컬러 레이어드, 멋지지 아니한가.

❶ 세월이 흐른 뒤에 봐도 촌스럽지 않기 위해 선택한 롱앤린 실루엣의 우아한 이명순 웨딩 드레스. ❷ 신부만큼 바쁜 신랑님. 동에 번쩍 서에 번쩍 하며 파티 준비하는 모습은 결혼식을 앞둔 신랑이라기보다는 슈퍼맨에 가까웠다. ❸ 좁은 공간에서 효율적으로 식사를 하기 위한 대안으로 선택한 도시락! 알찬 메뉴 구성 덕분에 꽤나 호응을 얻었다. 역시 잔칫집에서는 음식이 제일 중요하다. ❹ 이날 제일 바빴던 우리 식구는 다름 아닌 '복보'. 짧은 다리로 어찌나 결혼식장을 누비고 다니던지.

Romantic Wedding
in Garden

들판에서 꺾은 듯한
들꽃 같은 부케가 나를 설레게 한다.

파티 장소로 결정된 앞마당을 숲 속의 로맨틱한 웨딩 공간으로 변모시키는 작업이 시작됐다. 꽃이 피지 않은 자두나무에는 등나무꽃(조화에 만족해야 했지만)이 풍성하게 놓였고, 로맨틱 자수를 끌어올리기 위해 민트, 연보라 등 몽환적인 컬러의 천 자락이 곳곳에 드리워져 바람 결에 펄럭였다. 또 다른 나뭇가지에는 꽃 대신 30여 명의 아이들 사진이 아름답게 만개했다. 내가 가슴으로 낳은 세계 곳곳의 아이들 사진이었는데, 함께하지 못한 아쉬움을 사진으로나 마 달래기 위함이었다.

결혼식 날 아이들이 든 들꽃 같은 부케는 화려하게 장식된 그 어떤 부케보다 나를 설레게 했다. 이 부분이 바로 플라워 데커레이션의 핵심 포인트. 숲 속에 흐드러지게 핀 야생화처럼 자연스럽게 세팅하라! 또한 가든 파티처럼 오픈된 공간에 꽃을 둘 때는 기존의 조형물(마당의 구조, 나무, 잔디 등)을 십분 활용하되 꽃을 분산해서 공간을 채우는 것이 훨씬 효과적이다. 2층 창가의 테라스에도 넝쿨과 꽃이 가득 놓였다. 왕실 결혼식에서 꼭 등장하는 장면 있지 않은 가. 성의 테라스에서 드레스를 입은 왕세자빈이 우아하게 손을 흔들며 환호하는 대중에게 미 소를 보내는 그런 장면! 내 리마인드 웨딩에서는 꼭 이 세리머니를 해보고 말 테다.

리마인드 웨딩은 참석한 하객들이 함께 준비한 파티였다.

리마인드 웨딩을 직접 준비하다 보니 이런저런 좌충우돌을 겪어야만 했다. 최고의 난관은 날씨였다. 맙소사, 장마를 간과하다니! 억수처럼 쏟아지는 장대비 앞에서 웨딩 데이를 준비하던 나는 망연자실할 수밖에 없었다. 온갖 날씨 뉴스를 섭렵한 결과 예정됐던 토요일이 아닌 일요일로 날짜를 변경하기로 결정했다. 그것도 금요일에! 다행히도 모두가 이 급작스런 변경을 이해해 주었다. 예식장에서 하는 결혼식이었다면 결코 있을 수 없는 일. 그렇지만 나의 정원을 예약한 사람은 오직 나뿐이니 가능한 일이다. 새벽까지 비가 와 마음을 졸여야 했지만 다행히 마당 정리를 마친 순간 밝아지더니 신부가 입장하는 4시에는 서쪽 하늘에서 구름을 가르고 한 줄기 빛의 광채가 나를 비췄다. "정수야 수고했어! 열심히 아이들과 잘살았구나."라고 말하는 것 같았다. 나는 지금도 자두나무 가지 사이로 쏟아지던 리본을 닮은 햇살 줄기들을 잊지 못한다. 이뿐만이 아니다. 예약한 하객용 의자가 결혼식 당일 펑크가 난 것. 발만 동동 구르는 건 절대 내 스타일이 아니다. 이럴 때는 빠른 포기와 발상의 전환이 필요하니까. 마침 친정 아버지가 폐교에서 가져 온 나무 의자가 창고에 있다는 게 떠올랐다. 당장 정원으로 의자들을 소환해 꽃과 리본으로 장식하니 그 어떤 하객 의자보다도 멋스러웠다. 결국 모든 걱정은 기우였고, 어떤 문제든지 종국엔 해결됐다. 덤으로, 이 모든 것은 결혼식 날의 감동만큼이나 의미 있는 기억이 되었고.

영화의 한 장면처럼

예쁘고 로맨틱한 파티를 원한다면
영화 속 인상적인 웨딩 장면을 캡처해 두자.

두 번째 웨딩을 하기로 마음먹고 우선 결혼식 당일의 큰 그림을 그려보았다. 막연하게 '예쁘고, 로맨틱한 파티면 좋겠다'라고 상상하며 준비한다면 그 파티는 산으로 갈지, 바다로 갈지 아무도 모른다. 머릿속으로 정확하게 그림을 그리고 콘셉트를 잡는 것은 파티 설계의 기초공사다.

나는 주로 외국 잡지와 영화에서 영감을 얻는 편이다. 인터넷을 서핑하다가 마음에 드는 파티의 장면을 저장해 두기도 하고, 영화 속 장면을 캡처해 두거나 서점에서 발견한 빈티지 책들을 사다가 쌓아 놓기도 한다. 그야말로 아카이브를 만들어 놓는 셈. 덕분에 파티의 주제가 잡히면 아카이브부터 뒤적이게 된다. 머릿속 그림은 아무리 내가 명확하게 그려 놓아도 추상적이기 때문에 현실에 적용할 때 이런저런 문제가 생기기 마련인데, 시안이 되는 이미지가 있다면 준비 과정에서 실수를 최소화할 수 있다.

리마인드 웨딩은 영화 〈브레이킹던〉의 에드워드와 벨라의 숲 속 웨딩 장면을 상상하며 기획했다. 하늘에서 쏟아지는 등나무꽃과 버진로드를 장식한 아치형 덩쿨, 그리고 테이블 위에 흩뿌려진 나뭇잎까지! 그야말로 여심 자극 판타지의 총정리판이니까. 목가적인 분위기 속에서 진행된 케이트 모스의 야외 결혼식도 영감을 제공했다. 존 갈리아노의 빈티지 드레스를 입은 케이트 모스가 연한 블루톤 수트를 입은 남편 제이미 힌스의 팔짱을 끼고 햇살 아래서 미소 지을 때의 그 눈부심이란. 더욱이 화동으로 동원된 아이들의 천진한 모습은 야외 결혼식의 자유분방하고 따뜻한 이미지를 고조시키며 그 장면을 보는 것만으로도 행복해지는 마법을 부렸다.

돌이켜보면 첫 번째 결혼식은 엄숙, 그 자체였다. 결혼식을 즐기기에 난 너무 어려웠고, 결혼식의 주체가 (솔직히 나보다는) 부모님이었기 때문에 마음대로 할 수도 없었다. 리마인드 웨딩만큼은 내가 꿈꾸었던 모든 장면들을 고스란히 담아 내고 싶었다. 격식도, 형식도 없는 자유롭고 아름다운, 무엇보다 나의 가족이 함께하는 그런 리마인드 웨딩을!

바라만 봐도 눈물이 났다. 아프다는 건 가족 외에 아무도 모르는데……
사람들은 내가 왜 울까 의아해하겠지? 얘들아 너무 고마워. 여보 사랑해!

리마인드 웨딩 파티를 하겠다는 나의 말에 남편이 반대를 하고 나섰다. 하긴, 수술 날짜를 미루고 리마인드 웨딩과 봉사활동을 연달아 진행하겠다는 아내를 그 어떤 남편이 이해할 수 있을까. 그렇지만 무대포 행동대장인 날 언제나 이해하고 품어 주었던 남편은 이번에도 결국 내 뜻을 따라 주었다. 그뿐이랴. 우리 가족의 슈퍼맨답게 사고뭉치 아내가 난관에 부딪힐 때마다 소매를 걷어붙이고 해결해 주었으니 파티 준비의 일등 조력자는 다름 아닌 남편이다. 누가 남편을 남의 편이라 했던가. 남편은 영원한 내 편이다.

리마인드 웨딩은 부부의 사랑을 다시 한 번 맹세한다는 뜻도 있지만, 첫 번째 결혼식을 함께하지 못한 지금의 인연들과 함께한다는 점이 포인트. 나의 리마인드 웨딩도 그러했다. 특히 남편과 내가 만든 기적이자 최고의 축복인 두 딸이 마련한 이벤트는, 첫 번째 결혼식에서는 결코 얻지 못한 감동. 정원이와 딸의 친구들이 이웃사촌인 가수 김현철 씨와 'Dreams Come True'를 불렀는데, 마치 성가대처럼 순수하고 천진한 그 모습은 하객들에게 큰 감동을 선사했다. 큰딸 채원이도 축가를 부르기 위해 직접 기타를 들고 하객들 앞에 섰다. 사실 채원이는 친구와 연습을 하는 매 순간마다, 심지어 식이 진행되는 순간에도 사람들 앞에 나서는 것을 끝없이 망설였다. 사춘기 여고생이 하객 앞에 나선다는 건 쉬운 일이 아니었을 터. 얼마나 힘들게 용기를 냈을지 알기에 감동은 더욱 배가되었다.

리마인드 웨딩에서 스스로 역할을 자청한 건 가족뿐만이 아니다. 티아러를 만들어 준 친구 신원이, 아이들의 드레스를 디자인해 준 앤디앤뎁의 디자이너 윤원정, 신부 드레스를 만들어 준 이명순 웨딩, 남편의 자연스런 턱시도를 만들어 준 로드 앤 테일러, 전체적인 식의 진행을 도와준 라리 스튜디오의 박근영 이사, 기꺼이 들러리가 되어 준 배우 이보영과 오윤아, 약간은 튀는 멘트로 큰 웃음을 준 스타일리스트 채한석과 리밍, 특히나 멋드러지게 차려입고 주례를 본 김수미 선생님까지. 첫 번째 결혼식을 함께하지 못한 지금의 인연들은 나의 웨딩 데이를 구성하는 중요한 역할을 해 주었다.

두 번째 결혼,
첫 번째 프러포즈

평생 버팀목이
되어 주겠다는 맹세.
남편의 감동적인 프러포즈.
사랑하니까, 행복했다.

아이들의 축가가 끝나고 우리의 리마인드 웨딩도 서서히 해피엔딩으로 마무리되어 갔다. 부모님과 하객들께 무릎 꿇고 인사를 드리는 순간, 내 앞에 정체불명의 인물들이 튀어나왔다! 체크 셔츠의 캐주얼한 복장을 한 낯선 젊은이(?)들을 보며 난 사고를 직감했다. '어머! 너무 시끄러워서 시비 걸러 온 사람들은 아닐까? 도대체 누구의 손님도 아닌 당신은 누구?' 어리둥절해 있을 때 흘러나오는 BGM은 바로 브루노 마스의 'Marry You'. 파티 분위기를 돋우는 그들의 댄스를 보며 그제야 이벤트임을 깨달았다. 남자 쪽 들러리를 비롯 몇몇 인물들이 댄스 타임에 동참하더니 남편이 히어로처럼 멋진 자세로 이 플래시몹에 뛰어들었다. 완벽하게 동작을 소화하며 턱시도가 젖도록 땀을 흘리는 남편을 보며 밤마다 약속이 있다고 나가던 그의 뒷모습이 떠올랐다. 그 뒤통수에 대고 아픈 아내를 두고 놀러 나가는 나쁜 남편이라며 얼마나 야속한 말들을 퍼부었던지⋯⋯. 그 원망을 듣고도 묵묵히 지하 창고에서 친구들을 불러 밤새 연습했을 남편의 땀내 가득한 모습이 그려졌다. 그리고 17년간 남편에게 못되게 굴었던 것에 대한 후회, 내가 먼저 세상을 뜨게 될 경우 아이들을 짊어져야 할 남편에 대한 미안함이 눈물이 되어 흘러내렸다. 울고 있는 내 앞에 남편이 무릎을 꿇고 프러포즈를 했다. 너무 어린 나이에 결혼한 탓에 제대로 된 프러포즈를 못 해 준 아내에 대한 미안함, 리마인드 웨딩을 더욱 특별하게 만들어 주고 싶은 마음, 그리고 앞으로 큰 난관을 헤쳐나가야 할 아내에게 가장 큰 버팀목이 되어 주겠다는 맹세. 그 모든 것이 담긴 남편의 프러포즈는 그날 모든 이들을 눈물짓게 했다. 웃고 있지만 울고 있을 남편 마음을 알기에 그의 손을 잡고 펑펑 울었다. 사랑하니까, 행복했다.

남편의 멋진 플래시몹 이벤트는 파티 분위기를 더욱 뜨겁게 달구었다. 모두가 어깨를 들썩이며 리듬을 타고, 아이들은 아빠의 춤솜씨에 깔깔거리며 웃고, 사방에서 터지는 플래시와 바람에 눈처럼 흩날리는 꽃잎까지! 그야말로 리마인드 웨딩의 절정의 순간이었다.

Remind Wedding

Letter from. 채원.

엄마. 아빠

음... 할말이 되게 많은데
표현을 못 하겠어.
일단. 오늘 결혼식 너무너무 축하하고.
음..
약간은 특별한 것 같아.
첫번째는 리마인드 웨딩이라는 거고.
두번째는 해외의 나의 동생들을 만들어 줌거.
엄마가 너무 너무 자랑스러워.
그리고 분명히 해외에 있는 아이들도
엄마하고 아빠가 자랑스러울 거야.

내가 요즘 좀 짜증도 많이 내고
말도 잘 안 듣고 했는데
너무 내 생각만 했던 것 같아.
엄마하고 아빠도 힘들다는거. 아는데....

미안하고...
그리고 좋은 엄마하고 아빠가
내 옆에 끝까지. 지금까지
함께있는 것만으로도 너무너무 축복받은 것 같아.

엄마 아빠.
사랑해!!♡

파티는 '나눔', 그때 더 행복하다!

❶ 외국 결혼식의 들러리 문화가 내 눈엔 꽤나 예뻐 보였다. 첫 결혼식이 부모님 중심이었다면, 두 번째 결혼식은 지금 현재의 내 지인들과 함께하고픈 나의 바람과도 딱 맞아떨어졌다. 나의 들러리는 배우 오윤아와 이보영이 해주었다. 들러리 선정의 기준은 미모였다고 꼭 말해 주고 싶다. ❷ 우리 결혼식에 우리 아이들이 빠질 수는 없기에 네팔의 아들과 딸들 사진을 나뭇가지에 직접 매달았다. 꽃보다 아름답고, 열매보다 탐스러운 아이들이 지켜보고 있기에 이날 나는 더욱 행복할 수 있었다.

LOVE IN 17, 32 CHILDREN

July. 1st. 2012

❸ 결혼식장 입구에 방명록이 너무 싫어서 각자 멘트를 적을 수 있는 거대한 캔버스를 준비했다. ❹ 본인 인증을 위한 지장찍기용 스탬프까지 준비 완료! ❺ 결혼한 후 보기 힘들었던 배우 최정윤이 리마인드 웨딩에 참석해 줬다. 넌 방명록에 뭐라고 썼니? ❻ 파랑새가 날아드는 희망의 나무를 닮은 나의 방명록이다. 가지에 지장을 찍으면 색색의 잎사귀가 되고 그 주변에 멘트를 쓸 수 있게 디자인했다. 이 행복함이 가득한 방명록은 맘센터의 현관에 걸렸다. 행복과 희망의 메시지를 가득 담은 모습으로!

사진 능력나눔
재우율, 조선희, 김성진, 박지민

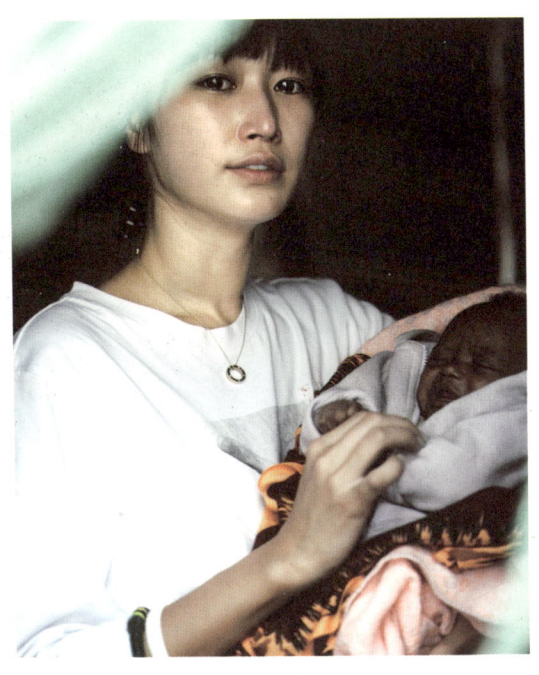

Charity Wedding,
나와 우리의 마음을 담아

리마인드 웨딩 축의금으로 건립한
말라위 맘센터의 벽돌 하나하나에는
그곳 엄마들의 애환과 아이들을 위해
삶을 개척해 나가겠다는 의지가 담겨 있다.

케냐에 있는 고르고초Gorgocho는 세계 3대 빈민촌으로 유명하다. 고르고초는 '쓰레기'란 뜻을 지녔는데 나이로비 전 지역의 쓰레기가 이곳에서 제대로 처리 과정도 거치지 않은 채 거대한 산을 이루고 있다. 쓰레기 더미를 뒤져 생계를 이어가는 마을이지만, 이곳에도 꿈은 있었다. 바로 고르고초 마을 아이들로 구성된 '지라니 어린이 합창단Jirani chorus'. 지라니는 스와힐리어로 '좋은 이웃'을 뜻한다. 힘든 환경 속에서도 서로에게 가장 좋은 이웃이 되고자, 세계인들에게 당신의 이웃이 이렇게 고통받고 있음을 호소하기 위해 이름 지어진 지라니 합창단의 어린 단원들과 생활하며 배운 '잠보Jambo'라는 노래는 역설적이게도 무척 흥이 나는 음악이다. 아이들은 어렵고 힘든 환경 속에서도 '하쿠나 마타타(잘될 거야)'를 외치며 노래를 불렀다. 그 모습이 너무 아름다워 난 지금도 가끔 그 노래를 흥얼거리곤 한다. 미리 준비한 과자와 음료수를 아이들과 나눠 먹으며 노래를 부르던 그 순간은 나에게 있어 어쩌면 가장 진실한 파티의 시작이었는지도 모른다.

파티는 추억을 함께하는 것! 그렇게 시작된 어려운 이웃과의 만남은 네팔에서 태어난 나의 딸 '뿌자'와의 만남으로 이어지면서 파티에 대한 나의 고정관념을 송두리째 바꾸어 버리는 계기가 되었다.

아프리카 내륙에는 '말라위'라는 작고 조용한 나라가 있다. 인천공항을 출발해 20시간 가까이 가야 하는 오지 중의 오지. 그곳에는 체러티 리마인드 웨딩 축의금으로 건립되고 있는 맘센터가 있다. 맘센터를 완성한 건 엄마들의 애환이었다. 맘센터 건립에 직접 참여하기 위해 말라위로 날아간 나는 그곳의 엄마들과 함께했던 시간을 지금도 잊지 못한다. 맘센터의 벽돌 하나하나에는 그곳 엄마들의 애환과 아이들을 위해 삶을 개척해 나가겠다는 의지가 담겨 있다. 엄마들과 벽돌을 나르고 하나하나 쌓아가며 함께 노래를 부르고 춤을 췄던 순간들은 한 장면도 잊혀지지 않고 내 가슴속에 고스란히 아로새겨졌다. 유난히 나의 손짓, 몸짓에 관심을 보이며 까르르 잘도 웃던 갓난아기와 아기를 안고 있던 16살 어린 엄마 등 현지 엄마들의 모습은 아직도 눈에 아른거린다. 힘들고 어려운 환경 속에서도 꿈을 잃지 않고 열심히 일하는 그들의 모습에서 나는 세상을 어떻게 대하고 살아가야 할지 배울 수 있었다.

2009년 뿌자와의 첫만남..

2009년 네팔에서 처음 뿌자와 동생들을 봤을 때

나의 셋째 딸, 뿌자야

부모도, 꿈도 없었던 뿌자에게 존재하는 건 힘든 현실뿐이었다. 뭐라 설명할 수 없는 환경에서 살고 있던 그 아이에게 내가 해 줄 수 있는 건 온기를 나누는 따뜻한 포옹과 짧은 시간이나마 가족으로 옆을 지켜 주는 것뿐이었다. 주어진 시간은 불과 3일. 경계의 눈초리를 거두지 못하던 뿌자가 나에게 마음을 열기까지 너무 짧은 시간은 아닐까. 다행히도 걱정과는 달리 뿌자는 나를 가족으로 받아들였고, 마지막 날 아이는 나를 위해 과일 도시락을 손수 준비해 소박한 파티를 열어 주었다. 뿌자와 함께한 둘만의 파티는 우리를 진정한 가족으로 만들어 주었고, 내가 어려운 이웃을 위한 '맘센터' 건립을 구상하고 실행하는 데 큰 힘이 되어 주었다.

사랑으로 맺어진, 우리는 대가족입니다 .

자선 리마인드 웨딩 바로 다음 날, 이른 아침 네팔행 비행기에 올랐다. 첫 번째 맘센터가 네팔에 완공된 시점이기도 했고, 무엇보다 뿌자가 너무나 보고 싶었다. 다시 만난 뿌자의 눈망울에 가족을 다시 만난 기쁨과 그간의 그리움이 가득 차올랐다. 새로운 자매가 된 채원이와 정원이는 그런 뿌자를 사랑으로 안아 주었다. 우리 가족은 1분, 1초라도 더 함께하기 위해 새벽까지 우리만의 작은 파티를 즐겼다. 깔깔거리며 파티를 즐기고 있을 때 뿌자가 갑자기 나를 꼭 끌어안으며 눈물 어린 표정으로 말을 했다. 함께 있어 줘서 너무 고맙고, 오늘을 평생 잊지 못할 것이라고. 사람들은 뿌자가 나를 만나 다행이라고 말을 하지만 그것이 전부는 아니다. 그 작은 아이가 엄마 품을 찾듯 내게 안길 때 느껴지는 따뜻함은 내 삶을 더욱 풍요롭게 했고, 사랑을 더 많이 나누어야겠다는 다짐을 하게 했으니까. 두 딸을 통해 나의 사랑은 두 배가 되었고, 뿌자를 통해 네 배가 되었고, 이후 인연을 맺은 30여 명의 아이들을 통해 우리 가족의 사랑은 하늘만큼 넓고 깊어졌다.

2012년 리마인드 웨딩 후 뿌자를 보러 다시 네팔을 갔다

내 생애 최고의 파티

파티는 어려운 것도 아니고, 거창해야만 하는 것도 아니다. 때로는 화려하게, 때로는 소박하게. 하지만 가장 중요한 것은 함께하는 사람들과 어떤 추억을 만들어 갈 것인가에 대해 고민하고 답을 찾는 것이다. 그리고 함께 즐기는 것이다. '인생은 태어나면서부터 파티'인 것이다. 우리의 삶들이 크고 작은 진실된 파티를 통해 좀 더 축복받게 된다면 그 파티가 바로 내 인생 최고의 파티가 되는 것 아닐까.

map

❶ 17년의 결혼생활과 32명의 나의 아이들!
❷ 엄마를 인도하는 Flower Shower
❸ 하우스 웨딩의 부채(더워!)
❹ 멋진 소품, 종이부채!
❺ 정원이가 활짝 웃고 있는 인비테이션 배너
❻ 골드의 우아함, 퍼플 컬러의 꽃 장식
❼ 자연을 맘껏 즐길 수 있는 테이블 웨어
❽ 전구를 이용한 들꽃 장식
❾ 친정 아빠가 여행 중 발견한 폐교의 교실 의자

Remind Wedding

"인생은 아름다워.."

Remind Wedding

Style

리마인드 웨딩인 만큼 꼭 화이트 드레스를 고집할 필요는 없다. 컬러든 디자인이든 형식에 얽매이지 말고 고를 것. 단 풍성하게 퍼지는 실루엣보다는 롱앤린 실루엣이 나잇살을 가리는 훌륭한 방패막이자 세련미를 업그레이드할 필수 요소라는 점은 기억하자. 주얼리와 베일을 과하게 매치하기보다는 오히려 한 가지쯤 덜어 내는 스타일링이 더 세련될 수 있다. 심플한 주얼리에 내추럴한 메이크업을 한다면 세월이 흐른 후에도 촌스럽지 않고 아름다워 보일 수 있다.

Deco

파티 콘셉트는 대규모 파티일수록 절실하다. 모든 요소가 공통된 분위기를 갖춰야만 어수선한 데커레이션이 되지 않을 테니. 전체적인 컬러톤을 정하고 메인 소품(꽃이나 천, 조명 등)을 무엇으로 할지 결정한 후 소소한 것들을 정해야 삼천포로 빠지지 않는다. 데커레이션을 할 때는 초대한 게스트의 수, 나잇대 등에 맞춰 동선도 고려해야 한다. 가족의 세월이 묻어 나는 사진들을 데커레이션에 활용하는 것도 좋은 방법. 부부의 사진 대신 아이들 사진이 걸린 포토 테이블은 게스트들에게 행복감을 전달한다.

Food

잔칫집엔 풍성한 음식이 진리. 일단 깔끔한 핑거푸드와 예쁘게 구성된 도시락을 준비했다. 좁은 공간에 많은 게스트를 초대했을 때는 도시락이 안성맞춤. 들고 다니면서 먹기에도 좋고, 쌓아 놓았을 때도 예쁘며, 뒷처리도 깔끔하다. 단 간식류는 핑거푸드로 충분하니 도시락의 내용물은 속을 든든히 채울 수 있는 메뉴로 세심하게 구성하는 것이 중요하다. 약간의 알코올이 가미된 예쁜 칵테일은 스탠딩 파티가 익숙하지 않은 게스트들에게 어색함을 덜어 줄 센스 있는 준비물이니 웰컴 드링크로 마련해 보자.

내 아이를 위한, 나를 위한 Happy Birthday

오늘은 너의 날이야.
맘껏 즐겨 봐
네가 좋아하는 컬러가 뭐야?
누굴 초대할 거야?

아이들의 생일 파티를 준비할 때 장소나 메뉴 고민보다 우선시되어야 할 건 바로 내 아이의 취향이다. 좋아하는 놀이, 좋아하는 색깔, 좋아하는 음식, 좋아하는 친구까지 꼼꼼히 챙기자. '아, 우리 아이가 로보트보다 핑크 곰돌이를 좋아하네. 아들인데……' 등 무심코 지나쳤던 장면 속에는 아이의 취향을 가늠할 수 있는 힌트들이 수두룩하다. 아무리 생각해도 잘 모르겠다고? 그렇다면 내 아이의 나이 때 난 무엇을 원했을지 생각해 보라. 내가 초등학생 시절 엄마와 종이로 만든 체인으로 거실을 장식하고 아이들을 초대한 적 있다. 엄마는 짜장면과 떡볶이, 케이크를 잔뜩 차려 주고 옆에서 '엄마 미소'를 짓고 있었다. 그 순간 나는 생각했다. '아, 이제 엄마는 딴 데 나가 있으면 좋겠는데……. 감시당하는 것 같아.'

딸로 태어난 죄로 난 늘 핑크색 치마를 입어야 했다. 그걸 입을 때마다 난 오만상을 찌푸리며 바지가 좋다는 신호를 그렇게도 엄마에게 보냈건만, 내 텔레파시는 도달하지 못했다. 파티도 엄마와 자녀의 동상이몽이 되어서는 안 된다. 아이의 취향이 무엇이고, 무엇을 원하는지 간파하는 건 파티뿐만 아니라 육아에서도 매우 중요한 포인트다. 물론 처음부터 삐걱거림 없이 아이의 모든 것을 간파할 수는 없다. 태어날 때부터 엄마인 사람은 없으니까. 노력하기 시작한 것만으로도 충분히 가상한 엄마다. 아이들도 엄마의 노력을 알아줄 거다.

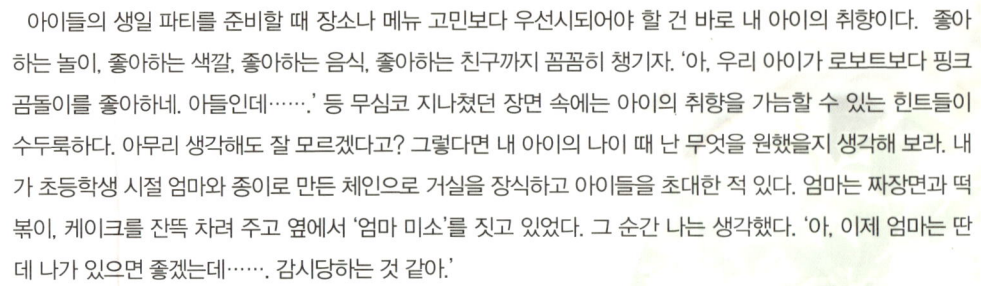

두근두근
생일파티

생일 파티를 직접 준비하기 위해
노력하는 것만으로도 가상한 엄마다.
아이들도 엄마의 노력을 알아줄 거다.

Kid's party

여섯 살 정원, 온몸을 부딪히며 놀아라

그래, 우리 아이가 좋다면
엄마는 그것만으로도 충분해!

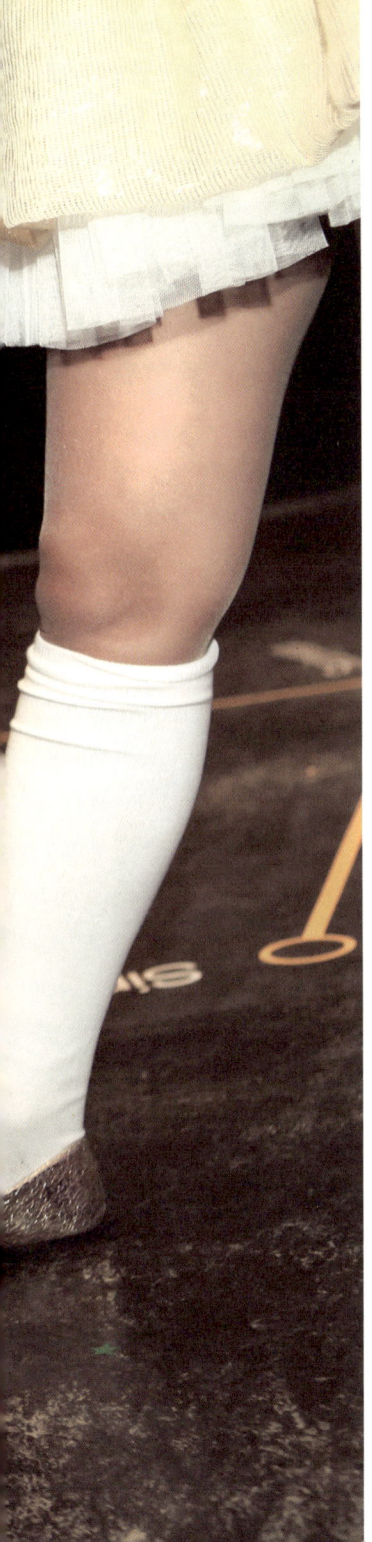

내 아이는 소중하니까!

어린 정원이의 생일 파티는 친구의 사무실을 빌려서 진행됐다. 파티장처럼 아기자기한 장식이 되어 있는 공간은 아니지만 천장도 높고, 무엇보다 아이들이 뛰어놀 수 있는 넓은 공간이란 장점 때문에 낙점!

이왕 놀려면 콘셉트를 정해 남들과는 다르게 노는 게 아이들에게도 특별한 추억이 된다. 마침 유치원을 졸업하는 해이니만큼 비슷한 생일인 유치원 친구들 5명과 합동으로 파티를 열어 주기로 했다. 콘셉트는 1980년대를 연상시키는 블링블링 복고 파티! 이번 파티의 콘셉트는 뛰어놀고, 구르며 망가지는 것이기 때문에 공간을 차지하는 데커레이션 대신 넓은 공간은 그대로 두고 벽면 위주로 파티 분위기를 연출했다.

데커레이션 포인트는 펄감이 가득한 종이 오너먼트와 가렌드, 풍선. 아기자기한 조명을 레이어드해 파티 분위기를 조성하고 벽면에는 종이로 만든 오너먼트를 달았다. 종이로 만든 오너먼트는 가격 대비 데커레이션 능력이 매우 탁월하다. 각기 다른 크기로 강약을 조절해 장식하는 것도 효과적이고. 여기에 아이들이 좋아하는 간식을 커다란 유리병 안에 담아 키치한 보라색 커트러리와 함께 테이블을 장식하니 그 자체만으로도 훌륭한 파티 액세서리가 되었다. 정원이와 함께 생일을 맞이한 친구들의 이름이 들어간 케이크도 주문했다. 자신의 이름이 들어간 케이크를 보고 아이들이 좋아하는 모습은 엄마들을 흐뭇하게 했다. 그래, 우리 아이가 좋다면 엄마는 그것만으로도 충분해! 식사는 핑거 푸드 수준으로 간단히 해치웠다. 배불러 봤자 아이들은 졸리기만 하니까. 과자 따먹기 게임이나 풍선 만들기 등 생일 파티의 전통적인 인기 레퍼토리 게임을 한 후 이번 파티의 하이라이트가 시작됐다. 바로 엄마와 함께하는 페이스 페인팅!

Colorful deco

❶ 생일 파티의 대안이 패밀리 레스토랑뿐이라고 생각한다면 심각한 오산이다. 인테리어 사업을 하는 친구의 사무실을 빌려 꾸민 파티 공간을 보시라. 위트 있는 조이 오너먼트와 펄감이 가미된 풍선 데커레이션으로 블링블링하게 꾸미니 그야말로 완벽한 파티 공간이지 않은가. ❷ 파티장으로 입장하는 아이들의 표정에 두근거림이 가득! ❸ 아이들도 즐겁고 엄마도 즐거운 수다 타임! ❹ 엄마들은 아이들에게 줄 생일 용돈을 맘센터에 기부했다. 이것이 바로 진짜 교육이 아닐까. ❺ 예쁜 무늬의 포장지만 있다면! 고깔모자 만들기, 결코 어렵지 않다. ❻ 치즈, 토마토, 바질로 만든 꼬치는 보기에도 예쁘고 인기도 만점.

❶ 우드락 종이에 반짝이는 가루를 뿌려 만든 생일 가렌드. ❷ 가렌드 플래그는 장소에 맞게 직접 설치했다. 이렇게 준비하는 순간이 가장 설렌다. ❸ 파티장의 분위기를 좌우하는 건 역시 조명! ❹ 평범한 과자도 예쁜 그릇에 담으면 데커레이션 소품으로 변신! 여기에 생일 파티의 메인 컬러 리본으로 테이블 데코에 통일감을 주었다.

사랑하는 만큼 낙서하겠어

화방에서 구입한
얼굴용 물감과 크레용을 주니
어른들의 얼굴에는 당혹감이 어렸다.

　미취학 아동부터 초등학교 저학년까지는 몸으로 놀아 주는 게 최고다. 그 또래 아이들은 두 개의 심장을 가진 하이브리드 칠드런이니까! 때문에 정원이의 생일 파티도 육탄전으로 가득한데 어쩔 때는 의자도 필요 없구나 싶을 정도다. 오대양 육대주의 산해진미를 그득 차려낸들 떡볶이와 오뎅, 치킨 앞에서는 무용지물이니 메뉴 고민도 필요 없다. 간단하고 친숙한 음식, 몸으로 놀 거리만 있다면 그날의 생일 파티는 성공!!

　사실 아이에게 엄마만큼 좋은 놀이 상대는 없다. 하지만 엄마가 아이와 똑같은 눈높이에서 망가지고 뒹굴 수 있는 기회가 흔하지 않다. 그래서 기획된 페이스 페인팅은 감히 자평하건데 탁월한 선택이었다. 화방에서 구입한 얼굴용 물감과 크레용을 엄마와 아이들 앞에 내밀자 어른들의 얼굴에는 당혹감이 어렸다. 생일날 우아하게 차 마시며 수다를 떨 거라 생각했던 엄마들에게는 문화 충격이었을 테지. 아이도, 엄마도 이 생경한 놀이에 주저했지만 망설임은 잠시뿐, 피카소가 환생한 줄 알았다. 엄마의 얼굴에 초현실주의 화풍으로 낙서하는 아이들은 뒤로 넘어가도록 까르르 웃어댔고, 이에 질세라 아이의 얼굴에 낙서를 하는 엄마의 얼굴에도 오랜만에 장난기가 가득했다. 그 어느 날보다 멋들어지게 차려입고 온 엄마들은 "엄마 옷에 물감 다 묻었어!" 하고 괴성을 지르기도 했지만 그 안에는 행복감이 가득 묻어났다.

마음껏 낙서하는 파티!
아이가 자유를
만끽하는 시간!

생일 파티장에 펼쳐진 코미디 같은 장면들!
웃음만은 그 어떤 파티장보다 풍성했다.

누가 누구인지 알아볼 수 없을 정도로 난장판이 된 얼굴로 포토존 앞에서 익살스러운 포즈를 취할 때는 또 얼마나 웃기던지. 의자에 앉을 새도 없고, 엄마들끼리 우아하게 대화할 틈도 없었지만 아쉬움 따위는 없었다. 오히려 너무 신나 죽겠다는 아이들을 보며 어떤 엄마는 행복하다며 눈물까지 글썽거렸다. 어찌 보면 이렇게 아이들의 눈높이에서 놀이를 하는 게 새로운 경험이기도 했을 터. 더욱이 아이들은 늘 몸가짐을 단정히 하라고 잔소리하던 엄마가 자신보다 더 망가지며 놀아 주니, 이 허락된 일탈이 더욱 즐거웠을 거다. 엄마와 아이들이 뒹굴며 노는 모습은 평생 잊지 못할 추억이 되었고, 어느 엄마는 아이와의 갈등으로 힘들 때면 오늘을 떠올리게 될 거라며 고마워하기도 했다. 그야말로 퍼펙트!

Let's Play

Girl's wanna be party

여고생에게서 친구들과 컵떡볶이를 먹으며
길거리 노점에서 반지를 사는 즐거움을 빼앗다니, 난 나쁜 엄마다.
오로지 채원이만을 위한 파티로 좀 용서가 될까?

전원주택으로 이사를 한 후 문득 채원이가 다시 아파트에 살고 싶다고 했다. 사실은 친구들과 같은 동네에 살고 싶다는 이야기다. 늦게까지 놀 수 있고, 집에도 초대할 수 있는 동네 친구가 채원이에게 필요했던 거다. 불쌍한 것. 난 우리 아이들이 아침에 새소리를 듣고 일어나고, 새벽 안개가 집 이층 허리에 걸려 있는 광경을 보며 파자마 차림으로 함께 커피를 마시고 싶었다. 하지만 그 여유로운 장면들은 모두 내가 아이들과 함께하고픈 장면이지 아이들의 희망 사항은 아니었던 거다. 특히 채원이는 버스를 타고 산을 넘어 등하교를 해야 했는데 그 먼 길을 다니며 얼마나 엄마를 원망했을지 뒤늦게 알게 되었다. 여고생에게서 친구들과 컵떡볶이를 먹으며 길거리 노점에서 반지를 사는 즐거움을 빼앗다니, 난 나쁜 엄마다.

그렇다고 도로 이사를 갈 수도 없는 노릇. 그래서 친구들을 초대해 생일 파티를 해 주기로 했다. 아주 거하게! 마음껏 놀게 해 주고 싶어서 미친듯이 놀 '거리'를 찾아 헤매기 시작했다. 무려 40명의 고등학생들에게 DVD를 틀어 줄 수도 없는 노릇. 고민 끝에 기획한 것이 바로 디스코를 테마로 한 'Disco 60's'다. 미국에서는 'Sweet 16'이라고 성년식처럼 거하게 치러 주는데 여기에서 영감을 얻었다. 모든 것은 오늘 파티의 주인공, 채원이의 취향으로 꾸며졌다. 가장 인기를 끌었던 건 바로 케이크였다. 채원이는 스트레스가 쌓일 때면 기타를 치며 시간을 보내고, 캐나다에서 공부할 때 3년간 탔던 점박이 말 '케롯'을 여전히 그리워한다. 그래서 케이크 위에 기타를 치는 채원이의 모습과 케롯을 본뜬 토퍼를 장식했다. 질풍노도의 시기에 걸맞은 반항의 상징, 해골 모양도 큼지막하게 그려졌다. 오롯이 채원이를 위한 맞춤형 케이크를 들고 쏟아지는 축하 속에 행복해 하는 아이의 얼굴을 보니 케이크 디자인을 위해 골머리를 앓았던 며칠 밤 따위는 생각도 나지 않았다. 엄마의 이 마음을 채원아, 너는 아니? 알면 말 좀 잘 들어라.

작은 센스가 파티를 매력적으로!

소중한 딸의 생일날만큼은 아빠, 엄마가 제대로 실력을 발휘해야 한다. 일단 아이들이 좋아하는 간식(여고생에겐 비주얼이 생명! 맛보단 때론 예쁜 과자가 더 인기 있다)을 익살스러운 케이터링과 함께 세팅했다. 창고 속의 빈티지한 수납장을 꺼내 그 안에 세팅하니 테이블에 주르륵 늘어놓는 것보다 훨씬 짜임새 있고 재미있다. 아빠, 엄마의 비장의 메뉴는 바로 갈비구이와 찰밥. 뛰어노느라 지친 아이들의 허기를 달래줄 회심의 메뉴는 그야말로 절찬리에 판매 완료!

엄마, 아빠가 호야를 위해 소매를 걷어붙이다!

Sweet 16

생일 노래를 부르고 선물을 주고받고……
평범한 파티처럼 보이지만 뭔 일이 터질 것 같은 두근거림!

　일단 시작은 평온하고 일상적으로. 그래야 나중에 빵 터지는 법이니까. 생일 파티의 FM, 선물 전달식이 거행
됐다. 서로 노래도 불러 주고, 선물을 주고받는 쑥스러운 순서가 끝나고 채원이만을 위한 케이크와 장난스러운
소품을 활용해 한참 사진찍기에 열중했다. 이때까지만 해도 평범한 생일 파티의 한 장면. 그렇지만 지금까지는
파티의 도입부일 뿐. 슬슬 아이들이 지루해할 무렵 집합 명령을 내렸다. 삑!!!!!!!!!! (내가 분 호루라기 소리다.)
　채원이를 비롯해 어리둥절해 하는 아이들을 지하 창고 앞 계단에 줄 세우고 야광봉과 팔찌를 나눠줬다. 마치
클럽의 입장권처럼. 뭔지는 모르지만 사건이 터질 것 같은 두근거림이 가득한 아이들 얼굴을 보며 솔직히 가장
흥분한 건 나였다. 아무것도 모르는 이 아이들이 곧 맞닥뜨릴 광란의 순간을 난 예감할 수 있었으니까! 후훗.

　드디어 창고 문이 열렸다. 그 안에 세팅된 건 화려한 미러볼과 디제잉 부스! 차고나 창고를 개조해 디스코장
으로 개조하는 건 어렵지 않았다. 을지로를 뒤져 구입한 거대한 미러볼과 전문 음향업체에서 대여한 디제잉 부
스만 있으면 변신 끝! 햇빛이 스며들까 문에 검은 천막을 드리우고 나면 완벽하게 밀폐된 디스코장으로 탈바꿈
한다. 열광하는 아이들이 스테이지로 쏟아졌고, 어른들은 말그대로 쫓겨났다. 디제잉 실력을 발휘하려고 연습
했던 아빠마저도 퇴장! 소 몰 듯 어른들을 밖으로 몰아낸 후 창고 안에서 벌어진 일은 아무도 모른다. 가끔 들
려오는 괴성만이 그 안의 열기를 가늠케 했을 뿐! 여고생들에게 벌어진 이 일탈과 흥분의 순간이 궁금하다면
당신의 딸에게도 선물해 주길. 아마 상상 그 이상의 흥분의 도가니를 목격하게 될 것이다.

두구 두구 두구~
곧 펼쳐질 서프라이즈!

"이곳은 여고생들의 일탈 현장입니다. 그야말로 흥분의 도가니, 그 자체입니다!" 격앙된 목소리로 중계를 해 주고 싶을 만큼 명불허전 명장면
이 우리 집에 펼쳐졌다. 야광봉을 흔들며 온몸을 흔들어대는 아이들, 디제잉에 열중하며 땀을 흘리고, 무알코올 맥주에 취한 듯 흐느적거리는
모습이라니. 매일 학교와 학원을 오가는 가여운 우리 아이들에게 이 정도 일탈, 한 번쯤은 눈감아 줄 필요가 있다.

깔깔거리는 소리가 그치지 않았다. 내가 봐도 웃긴 액세서리로 온갖 포즈를 취하며 장난을 치고 노는 아이들의 모습은 정말 예뻤다. 역시 아이들이 좋아할 만한 것들에 대한 나의 고민이 헛된 것이 아니었어! 그런데 이걸 어째. 파티가 끝난 후에도 아이들이 집에 갈 생각을 하지 않는다. 댄스타임이 끝나고 저녁까지 풀코스로 먹고 나서 펼쳐진 불꽃놀이 덕분에 잦아들었던 아이들의 흥분이 다시 타오른 것! 그래, 오늘만큼은 밤 새워 놀아라. 오늘 밤은 엄마가 끝까지 쏜다!

Mom's Birthday

가족의 생일이 몰려 있는 4월과 결혼 15주년을 기념하기 위해 떠난 파리 여행.
모네의 생가인 지베르니에서 찍은 사진에는 두 살박이 정원이와 우리 부부가 담겼다. 이때 모두 젊었네!
애정 넘치는 이 사진의 포토그래퍼는 바로 열한 살 채원이!

4월에는 유난히 생일이 많다. 친정 부모님과 남편, 그리고 채원이. 이 4명의 생일을 떠들썩하게 챙기고 나면 그제야 생각이 난다. '나도 4월생이었지?'

이번에도 다른 생일에 묻혀 스리슬쩍 넘어갈 뻔한 생일을 챙겨 준 건 역시 내 편인 남편. 현명한 내 남편은 친구들을 잔뜩 초대해서는, 그들에게 '두 손을 무겁게'를 주문했다. 케이크, 과일, 도시락 등 음식은 물론 데커레이션 소품들까지 포트럭 파티로 나의 생일 파티를 열어 준 것. 가지각색의 음식과 데커레이션이 난무했지만, 그동안 내 파티 진행을 옆에서 도와주며 배운 내공은 역시 무시 못할 수준이었다. '40 Pyeon'이라고 프린트된 스티커를 준비해 전체적으로 통일감을 준 것.

햇살이 가득 쏟아져 들어오는 창문에는 '사랑해' 'Happy Birthday' 문구가 쓰인 포스트잇이 가득 붙여졌다. 엄마 몰래, 아내 몰래 이 서프라이즈한 장면을 완성하기 위해 애썼을 가족들 모습에 눈물이 핑 돌았다. 누군가를 위해 늘 파티를 준비하는 입장이었던 내가 주인공이 된 이 기분. 더욱이 가족이 나를 얼마나 사랑하고 아끼는지 깨달을 수 있는 이 파티에서 평생을 살아갈 힘을 얻을 만큼 행복했다. 더없이 많이.

남편이 만든 나의 생일 파티 스티커.

온몸에 스티커를 붙여도 즐거워.

오늘은 내가 주인공이니까!

봄 햇살이 좋아 일광욕 하러 놀러 오라고 했던 친구들이 어느 날 남편과 작당 모의해 완성한 서프라이즈 파티 현장 대공개! 드레스 코드도 없고, 멋들어진 출장 뷔페도 없지만 소박한 피크닉 분위기, 정말 좋다. 파티의 주인공이 된 나를 위해 일일 집사로 대변신한 남편은 언제나 내 옆에서 나를 웃겨 주고, 파티장을 챙겨 주었다. 사랑한다는 달콤한 말 한마디보다, 엄청 비싼 선물보다 더 빛을 발한 건 나를 생각해 준 남편의 묵직한 속마음!

급조된 파티지만 알코올과 맛난 음식이 빠질 수 있을소냐. 팔을 걷어붙이고 순식간에 완성한 간단한 케이터링. 단연 인기를 모은 메뉴는 바로 직접 만든 석류 모히토다. 아직 4월이지만 뜨거운 봄 태양 아래 피크닉을 즐기려면 시원한 알코올이 필수. 달콤새콤한 석류 모히토(미녀는 석류를 좋아해! 포인트는 동동 띄운 민트!)는 파티의 흥을 돋우는 역할을 제대로 했다. 미리 음식을 준비 못하는 서프라이즈 파티인 만큼 게스트들이 포트럭 개념으로 준비한 메뉴들도 함께 테이블 세팅!

예쁜 케이크와 아기자기한 컵케이크는 피크닉 분위기에 더없이 잘 어울렸고, 나의 패션 메이트이자 센스쟁이 동생 소영이가 준비한 곰돌이 풍선 인형이 파티장으로 변신한 거실을 가득 채웠다(차도 없이 광주까지 풍선을 들고 온 너의 용기와 노고에 박수를!). 메이크업 아티스트 조성아 원장과 그녀의 귀염둥이 토리, 써니, 앤디앤뎁의 디자이너 윤원정 선생님 등 오늘의 생일 파티를 함께 꾸며준 게스트들, 이 은혜 잊지 않을게!

페이퍼 오너먼트

채원이와 정원이 생일에 요 아이를 썼어요~

색지로 간단히 접기만 하면 되는 굉장히 손쉬운 소품이지만
어떻게 응용하는지에 따라 색다른 파티 연출을 할 수 있다.

재료 : 다양한 컬러의 종이, 낚싯줄

① 색지들을 정사각형으로 자른다.

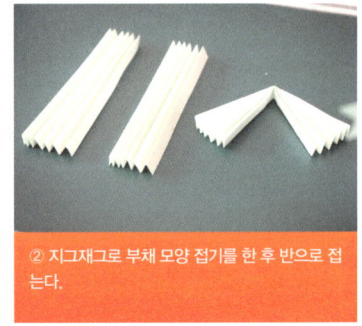

② 지그재그로 부채 모양 접기를 한 후 반으로 접는다.

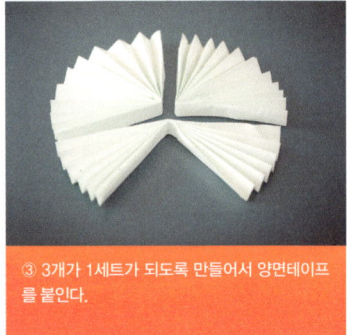

③ 3개가 1세트가 되도록 만들어서 양면테이프를 붙인다.

④ 벽에 걸 수 있게 낚싯줄로 연결하여 건다.

How to make party
피나타 박스
정원이 유치원 친구들의 열광적 반응!

피나타 게임은 외국 키즈 파티에서 흔하게 볼 수 있다. 어린아이들이 눈을 가린 채 막대로 두드리거나 리본을 잡아당기면 박스가 터지면서 과자와 초콜릿 등 작은 선물이 쏟아진다. 이것을 가지고 있는 구디백에 주워 담는다. 키즈 파티뿐 아니라 각 파티에 맞게 피나타를 활용해 재미있는 게임을 할 수도 있다.

재료: 골판지, 은박 포장지

① 골판지에 원하는 피나타 모양으로 밑그림을 그리고 자른다.

② 앞, 뒤판이 필요하기 때문에 같은 모양을 두 개 만든다.

③ 테이프를 이용해 박스를 모두 붙이고, 사탕과 선물을 쏟아지게 만들어야 하므로 하단은 오픈될 수 있게 한다.

④ 은박 포장지를 길게 잘라 문어발처럼 만들어 준다.

⑤ 박스에 은박 포장지를 글루건을 사용해 아래쪽부터 붙여 준다.

⑥ 박스 안에 과자나 초콜릿, 종이 가루 등을 넣는다.

How to make party

케이크팝

한입 크기 케이크로 색다른 생일상을 차려보세요!

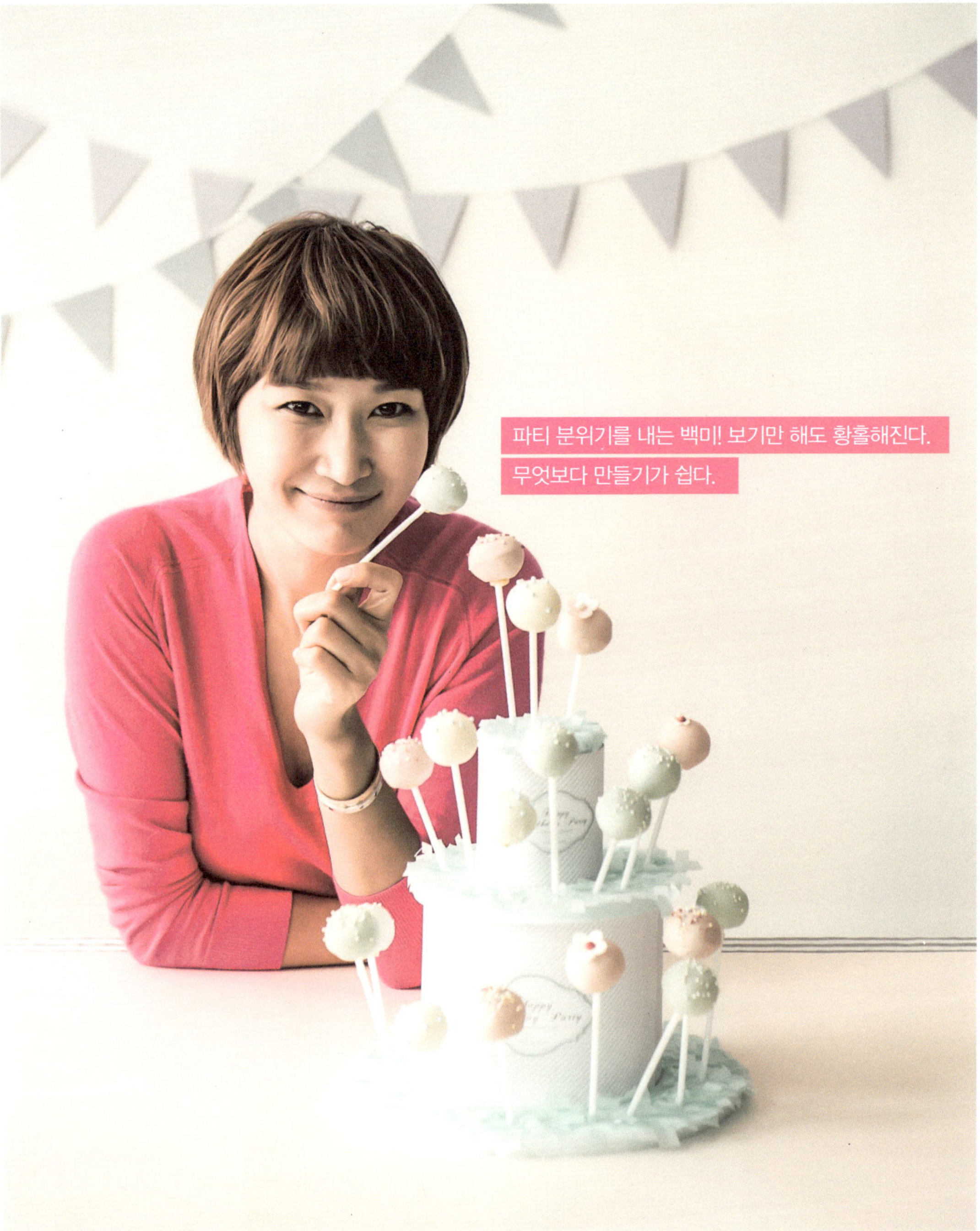
파티 분위기를 내는 백미! 보기만 해도 황홀해진다.
무엇보다 만들기가 쉽다.

Party with My Friends

케이크
팝

재료 (16개 분량): 스폰지 케이크 300g, 버터크림 60g(버터크림은 버터 30g과 슈거파우더 30g을 넣고 뽀얗게 될 때까지 1분 동안 섞으면 완성), 코팅 초콜릿 500g, 장식용 스프링클

① 스폰지 케이크를 손으로 꼭꼭 눌러 동그랗게 빚는다.

② 냉장고에 30분간 넣어 단단하고 차갑게 만든 스폰지 케이크에 초콜릿을 입힌다.

③ 스프링클로 장식한다.

④ 데코 상자에 꽂아 장식한다.

※ 더 다양한 케이크 디자인은 www.sugarcraft-j.com에서 확인하세요.

머핀컵 가렌드

넓은 공간을 채우기에 딱 좋아요!

밝고 선명한 색상의 머핀컵으로 만들어 보자.

재료 : 다양한 컬러와 패턴의 머핀컵, 우드스틱

① 다양한 컬러와 패턴의 머핀컵의 주름을 우드 스틱으로 납작하게 편다.

② 납작하게 편 머핀컵을 반으로 접는다.

③ 접은 머핀컵의 바깥쪽을 딱풀로 풀질한 후 머 핀컵 크기에 따라 10~15장 정도 이어 붙인다. 이때 맨 마지막 장은 끈을 넣고 붙여야 하므로 남겨 둔다.

④ 모두 붙인 후 마지막 장엔 리본을 넣어서 붙인다.

⑥ 가렌드 길이에 맞춰 여러 개를 같은 방법으로 만들어 이어주면 완성.

태슬 가렌드

제 생일에 분위기를 더했죠!

너무 강한 컬러는 무거워 보일 수 있다.
파스텔톤 페이퍼티슈를 사용한다.

재료 : 페이퍼티슈, 노끈

① 페이퍼티슈를 사진과 같이 양쪽을 약 1cm 내외(원하는 간격)로 문어발처럼 칼집을 낸다.

② 태슬 크기에 따라 5~10장을 태슬 1개 세트로 준비한다.

③ 양쪽이 문어발 형태로 잘라진 종이를 여러 개 겹쳐 한쪽부터 차례로 접는다.

④ 얇게 접은 후 노끈을 중간에 넣고 꽈배기 모양으로 윗부분만 약 3cm 정도 꼬아 준다.

⑤ 여러 개를 동일한 방법으로 만들어 노끈에 엮는다.

⑥ 노끈에서 이동이 가능하도록 너무 꽉 묶지 않는 게 포인트.

⑦ 바람 부는 창가에 걸어두면 술이 흔들리면서 더욱 분위기를 살린다.

Pigeon's Birthday in Garden

Party with My Friends

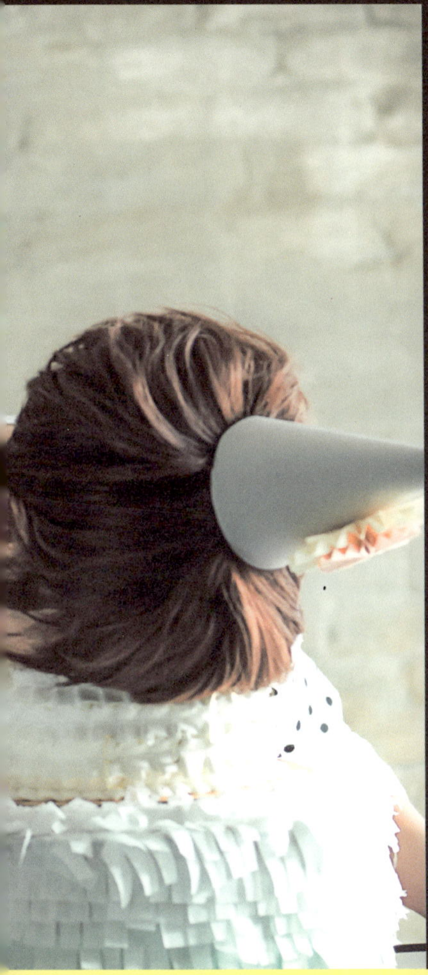

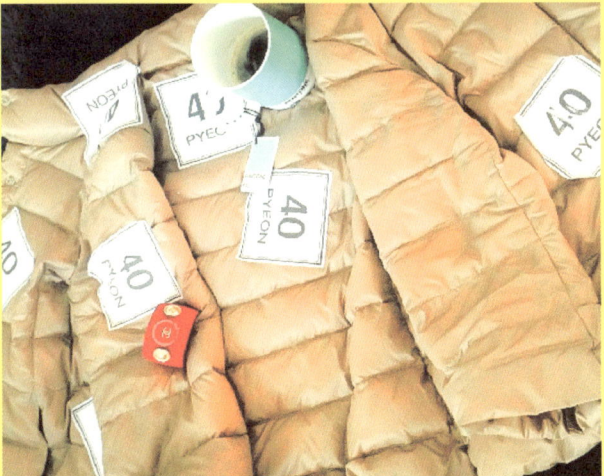

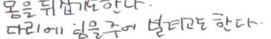

HOYA

1998년 8월 1일 그동뒤면 채원이 100일 되는 날이다.
깨가앎이 컵다.
600cc에 거므은 7.5kg 이다
우유는 150씨를 먹고 가끼 쏘을 뵈면서 놀기도하며
몸을 뒤집기도한다.
다리에 힘을주어 벌떠도 한다.

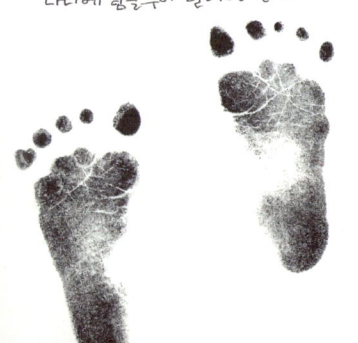

Party with My Friends

How to
Kid's Party

Style

파티 현장에서 아이들의 드레스 코드를 통일시켜 줄 아이템을 준비하면 엄마들의 고민도 덜어 줄 수 있고, 함께 나눠 입는 과정 자체가 하나의 이벤트가 된다. 파티 선물로 티셔츠를 준비해 함께 입으면 사진으로 찍었을 때 통일감이 있어 보기 좋고, 옷이 지저분해질까 걱정하지 않아도 된다. 선글라스나 악마 머리띠, 재미있는 가면 등은 아이들끼리 셀카를 찍으며 놀 수 있는 장난감 역할도 수행하니 추천!

Deco

아이들 생일인 만큼 엄마의 취향은 잠시 접어 두자. 평소 내 아이가 무엇을 좋아하는지에 대한 고민을 통해 취향을 파악하고 파티 데커레이션에 반영하면, 아이에게 파티 주인공이란 자부심을 더욱 느끼게 할 수 있다. 가장 손쉬운 방법은 좋아하는 컬러를 활용하는 것. 핑크를 좋아한다면 아이의 테이블 세팅을 핑크를 메인으로, 톤온톤으로 꾸민다. 아이가 자라온 과정을 한눈에 볼 수 있도록 벽면에 마스킹 테이프로 사진들을 붙인다면 데커레이션은 물론 볼거리, 이야깃거리로도 효과적이다.

Food

아이들의 파티 메뉴 구성은 매우 극단적으로 나뉜다. 미취학 혹은 저학년 아이들은 음식이 너무 맛있을 경우 음식에만 매달려 파티를 뒷전으로 여기고, 고등학생쯤 되면 웬만한 음식으로는 배를 채우기 어려울 만큼 폭식을 하는 시기이므로 양에 신경을 써야 한다. 아이들의 나이대를 고려한 음식량과 메뉴 조절이 언제나 1순위다. 공통적으로 중요한 건 식기류의 선택. 아이들이 좋아하는 컬러의 플라스틱 식기류를 준비하는 이유는 데커레이션을 위함도 있지만, 파손의 위험이 적기 때문이다. 초콜릿, 사탕, 라면 등 평소 아이들에게 금지했던 메뉴를 생일 파티에서만큼은 마음껏 제공해 주는 것도 엄마의 센스를 드러내는 방법이다!

도시 탈출, Glamping Party

CAMPING
IN THE CITY

안에만 있으면 지루해!
밖으로 나가자!
자연을 맘껏 즐겨.
인디언 텐트에서 원주민처럼~
넌 어떤 음식을 가져 올 거야?
공놀이 하자.
자연을 배경 삼아 액자를 만들 거야.

아이어답을 떠나서
별하는 밤♡

camp

glam

Sweet joy but

글램핑이란 이름 그대로 캠핑을 화려하게! 파티와는 더없이 잘 어울리지 않은가?

중 고생들이 '노페패딩'에 목숨 걸기 시작한 건 결국 캠핑 붐 덕분이었다. 캠핑 문화가 대중화되면서 아웃도어 브랜드가 일상적인 패션 스타일에도 지대한 영향을 끼쳤다. 그렇지만 아웃도어를 위해 만들어진 기능성 옷을 정작 캠핑갈 때보다 등하교할 때 더 많이 입는 아이들 모습을 보고 캐나다 사람들이 한국이 캐나다보다 더 춥다고 생각했다는 우스갯소리를 떠올려보면 촌극이라고도 할 수 있다.

한편으론 맞벌이에 지친 부모들이 아이들을 데리고 캠핑을 떠나는 것이 쉽지 않은 현실이란 걸 알기에 씁쓸하기도 하다. 1박 2일 시간 내서, 더구나 그 비싼 캠핑 장비를 챙겨서 떠날 엄두가 안 나는 건 나도 마찬가지. 이 럴 때 필요한 것이 바로 발상의 전환! 변정수표 글램핑 파티로 아웃도어 라이프를 파티장으로 끌어들였다.

글램핑은 캠핑 문화의 상류층 버전이라 할 수 있다. 이름 그대로 캠핑을 화려하게! 파티와는 더없이 잘 어울리지 않은가? 더욱이 글램핑은 기본적인 세팅─텐트, 침구, 조리도구 등─이 제공되기 때문에 장비 걱정도 필요 없다. 글램핑 텐트를 파티장으로 변신시킬 데커레이션 아이템과 음식들, 아이들과 즐길 몇 가지 놀이도구만 있으면 지금 당장이라도 글램핑 파티가 가능하니 오히려 그 어떤 하우스 파티보다 간단하다.

Glamping party

이번 글램핑 파티 역시
가족 단위로 초대했다.
나의 파티는 항상 '가족과 함께'가 모토니까!

글램핑 파티를 위해 장소를 수소문했다. 수도권에서 1시간만 자동차로 달리면 글램핑을 즐길 수 있는 장소가 즐비하다. 그렇지만 이번에는 아웃도어 라이프를 도심 속에서 즐기기 위해 워커힐 호텔 제이드 가든에 설치된 글램핑장으로 장소를 정했다. 아차산 자락 안에 위치해 있어 산속에서 캠핑을 즐기는 기분을 느낄 수 있을뿐더러 호텔에서 각종 서비스를 제공받을 수 있어 파티를 준비하기에도 편리하다. 이번 글램핑 파티 역시 가족 단위로 초대했다. 나의 파티 모토는 항상 '가족과 함께'니까! 얼굴이 새카매진 것도 모른 체 모닥불에 고구마를 구워 먹고, 친구들과 잔디밭에서 뛰어다닐 아이들을 떠올리니 파티를 준비하는 내내 행복한 미소가 떠나지 않는다.

글램핑은 자연과 어울리는
데코가 포인트!

언제나 파티를 준비하기 전 필요한 일이 콘셉트 정하기. 글램핑 파티의 데커레이션은 워커힐 호텔 글램핑 텐트가 인디언 산장을 모티프로 했기 때문에 여기에 빈티지한 느낌을 더하는 것으로 결정! 물론 글램핑이 지닌 화려한 분위기를 그대로 유지하기 위해 자연과 잘 어울리는 베이지, 브라운, 그린 등 빈티지한 컬러에 블루, 레드 등 화려한 포인트 컬러를 배치했다. 컬러를 정하고 나서 디테일한 데커레이션에 착수했는데, 글램핑이 자연과 함께하는 파티라는 점에서 영감을 얻어 자연친화적인 요소를 더하기로 결정했다. 메인 컬러 팔레트인 베이지와 브라운 계열 종이로 만든 오너먼트와 가렌드로 공간을 채우고, 통나무나 나무 조각, 모형 전나무 등을 곳곳에 세워 인디언 산장 분위기를 냈다. 특히 텐트 천장에 주렁주렁 매달린 별 모양 행잉 오브제와 작은 전구는 마치 텐트 안에 밤하늘이 펼쳐진 듯해 아이들의 상상력을 자극하기에 좋았다. 데커레이션에서 가장 공을 들인 부분은 테이블 세팅! 브라운 계열의 체크 패턴 식탁보를 여러 장 준비해 레이어드하듯이 겹쳐서 세팅하고, 그 위에 통나무 단면을 자르고, 눈이 내린 것처럼 하얗게 채색한 나무 껍질 모양의 접시를 가지런히 올렸다. 여기에 플라스틱 식기류와 종이로 만든 그릇, 바구니 등을 적절히 섞어 실용적인 면도 보완했다. 테이블 중앙에는 나뭇가지에 소복이 눈이 쌓인 것처럼 세팅된 작은 전나무 모형과 격식을 갖춘 테이블 느낌을 자아내는 앤티크한 티라이트 홀더를 배치해 높낮이를 조율했다.

전체적으로 자연친화적인 아이템으로 테이블을 세팅했을 때 자칫 컬러 팔레트가 단조로울 수도 있다. 베이지, 브라운 일색이니까. 이를 보완하기 위해 컬러풀한 소품을 더하기보다는 아이들이 좋아하는 캔디나 과일을 컬러 포인트로 활용했다. 보기도 좋고 먹기도 좋으니 그야말로 일석이조다.

오늘 하루만큼은 인디언처럼!

호스트 혼자 음식을 준비하기보다는 참석하는 인원들이 한 가지씩 음식을 해 오면 더 다양하게 음식을 즐길 수 있다. 각 참석자들에게 부담없이 메뉴 주문을 하라! 각자 아이들이 좋아하는 음식을 해 온다면 '우리 아이가 좋아하는 음식은 없네'라는 아쉬운 소리도 들을 일 없다. 글램핑장에서는 대부분 캠핑의 꽃인 바비큐가 제공되는데 바비큐와 잘 어울리는 음식—야채 꼬치나 해산물 바비큐, 고구마, 옥수수 등—을 꼼꼼하게 챙긴다면 그 어떤 메뉴보다도 풍성하게 즐길 수 있다. 모닥불 앞에서 옹기종기 구워 먹는 재미가 글램핑의 매력이니까.

파티 데커레이션의 기본은 컬러를 선택하는 것이다. 파티 콘셉트를 드러내는 가장 손쉽고 효과적인 방법. 특히 글램핑 파티처럼 기존의 구조물을 활용할 때는 어떤 컬러를 바탕으로 했는지 숙지하고 데커레이션 콘셉트를 잡는 것이 중요하다. 이미 기본 채색이 되어 있는 스케치북에 그림을 그리는 셈이다. 메인이 되는 컬러와 어울리는, 혹은 보색 대비로 포인트가 될 수 있는 식탁보만 준비해도 파티 분위기를 연출할 수 있다. 아이들과 색종이로 체인을 만들어 가렌드로 활용하는 것도 좋다. 아이들에게는 파티 준비를 함께하는 것만큼 재미있는 놀이도 없다.

후끈후끈 운동회

　글램핑을 즐길 때 흔히 범하는 실수 중 하나. 자연 속에 아이들을 풀어 놓으면 알아서 잘 놀 테니 엄마, 아빠는 음주가무를 즐기면 된다? 절대 아니다! 아이들과 몸으로 뛰어놀 수 있는 이 완벽한 기회를 외면한다는 건 내 아이들에 대한 예의가 아니다. 겨울에 야외에서 파티를 한다면 더군다나 몸으로 하는 놀이가 필수다.

　글램핑 파티를 준비하면서 가장 고민한 것 역시 아이들과 놀 거리였다. 일단, 1m는 족히 넘는 거대한 공(사실은 풍선이다)을 글램핑장 앞마당에 몇 개 풀어 놓았다. 알록달록한 거대한 공을 본 순간 아이들의 반응은? 당장 달려가서 발로 차고 굴리느라 여념이 없다. 운동장처럼 넓은 자연 속에서 가족 대항으로 다양한 게임을 해 보는 것도 추천한다. 내가 준비한 건 부메랑과 원반 던지기, 캐치볼 정도였지만, 그것만으로도 치열한 운동회가 펼쳐졌다. 허허 웃으며 뒷짐 지고 있던 아빠들이 그동안 숨겨뒀던 운동 실력을 대방출! 아빠들이 원반을 던지고, 아이들과 캐치볼을 하면서 어느 순간 이건 가족 간의 자존심 대결로 번진다. 목이 터져라 응원하는 건 당연지사! 때론 게임하는 것보다 응원하느라 더 지칠 지경이다. 패자에겐 뿅망치 세례가 쏟아지지만 기분 나빠하는 사람은 아무도 없다. 우리 아빠가 뿅망치를 맞는 순간 아이들은 이 색다른 광경에 까르르 웃으며 뒤로 넘어가니 벌칙이지만 모두를 즐겁게 하는 벌칙!

아이들과 몸으로 뛰어놀 수 있는 이 완벽한 기회를 외면한다는 건 내 아이들에 대한 예의가 아니다.

움직이는 포토존

이곳은 바로 자연의 품.
프레임을 갖다 대는 곳마다 그림 같다.

언제나 포토존에 공들이는 나에게 글램핑 파티장에 포토존을 설치하는 건 또다른 고민이었다. 일반적으로 포토존은 벽면에 설치되는데, 글램핑장은 벽 없는 허허벌판이니까! 그래서 생각해 낸 아이디어가 바로 다양한 빈 액자 프레임이다. 이곳은 바로 자연의 품. 프레임을 갖다 대는 곳마다 그림 같다. 파티장에 오는 가족들은 액자 프레임을 들고 자신이 사진을 찍고 싶은 곳에서 마음껏 포즈를 취했다. 손동작이 어색해 사진 찍기를 꺼려했던 이들에게는 프레임 자체가 소품이 될 뿐만 아니라 나중에 사진을 취합했을 때도 그 어떤 파티의 기념 사진보다도 다양한 광경을 담아낼 수 있어서 매우 성공적인 아이디어였다.

온열담요는 사진을 찍을 때 진가를 발휘한 의외의 아이템이었다. 은박지를 닮은 블링블링한 담요인데, 조난 시 보온을 위해 고안된 아이템. T.P.O.가 중요하다고 글램핑 파티에 등산복을 입고 오는 이들이 있을까 봐 통일된 드레스 코드를 위한 내 나름의 철두철미한 준비물이었는데, 의외로 힘을 발휘한 건 바로 사진 속에서였다. 은박지를 닮은 재미있는 디자인 덕분에 랩 스커트처럼 허리에 두르거나 망토처럼 어깨에 걸치니 사진을 찍었을 때 매우 재미있는 장면이 연출된 것! 더욱이 해가 진 후에는 온열담요라는 이름값을 톡톡히 하며 아이들 숙면을 위한 잇 아이템으로 거듭났으니 가장 성공적인 아이템이라 할 만하다.

페이퍼 플라워 포토 프레임

파티에선 사진 찍기도 이벤트의 하나!

밋밋한 사진 찍기에 독특한 재미를 선사하는 포토 프레임.

재료: 블랙 우드락, 페이퍼티슈, 빵끈

① 블랙 우드락을 원하는 액자 크기로 자르고 테두리가 너무 얇아 부러지지 않도록 두께를 남긴 후 안쪽 면도 잘라 낸다.

② 투 톤의 페이퍼티슈로 꽃과 꽃술을 만든다.

③ 꽃은 원하는 페이퍼티슈 약 3장씩 대, 중, 소 크기로 자르고 각자 계단 접기를 한 후 양쪽 끝을 가위로 둥글게 자른다.

④ 바닥에 꽃의 대—중—소 꽃술을 차례로 올려놓고 한꺼번에 계단 접기를 한다.

⑤ 가운데를 빵끈으로 묶는다.

⑥ 꽃술부터 차례대로 가운데로 모아서 펴면서 꽃 모양을 만든다. 이때 얇은 페이퍼티슈가 찢어지지 않게 조심한다.

⑦ 액자 틀에 꽃술을 글루건으로 붙인다.

글램핑 파티 테이블 세팅

제 테이블 스타일링을 응용해 보세요.

보통 키즈 파티나 야외 파티 때는 일회용품으로 테이블 세팅을 하는 것이 간편하다.
이때 다양한 컬러의 색지로 테이블 매트를 만들거나 패턴 있는 포장지로
투명 컵에 살짝 띠만 둘러도 특별해진다.

재료 : 페이퍼 매트, 일회용 접시, 도일리 페이퍼, 냅킨, 일회용 커트러리, 종이컵, 빨대, 물, 패턴지 or 콘셉트에 따라 프린트된 스테이셔너리 (데코 카드)
① 테이블보가 깔린 테이블 위에 인원 수에 맞춰 페이퍼 매트를 올린다.
② 매트 위에 일회용 접시, 접시 위에 도일리 페이퍼를 순서대로 올리고 위에 텐트 모양으로 잘라 접은 종이를 올린다.
③ 냅킨은 네 면으로 나눠지는 모서리를 위에 두고 맨 앞장을 아래로 한 번 접고, 그다음 장을 아래로 앞장보다 조금 접고,
   양쪽을 각도에 맞게 접어서 모양을 내고 일회용 커트러리를 냅킨 안에 넣는다.
④ 커트러리를 넣은 냅킨, 종이컵, 빨대를 페이퍼 매트 위에 보기 좋게 올린다.
⑤ 생수병의 패턴지는 일반 용지에 파티 콘셉트에 맞춰 프린트를 해도 되고, 패턴 포장지나 영문지를 활용해서 잘라 생수병에 띠를 둘러도 좋다.
⑥ 파티 콘셉트에 따라 테이블 페이퍼 매트, 냅킨 컬러 등을 다르게 응용해서 연출하면 간단하게 파티 테이블을 완성할 수 있다.

한밤의 글램핑

글램핑 파티의 백미는 자연 속에서
밤하늘을 보는 순간이라고 해도 과언이 아니다.

당신의 낮보다 우리의 밤이 더 아름답다던 어느 노랫말. 낮이 더 좋다고 우겨온 당신이라면 파티 분위기가 무르익은 글램핑의 밤을 경험해 보길. 설명 따위 필요 없이 바로 공감하고 모닥불 앞에 자리 차지하고 앉을 것이 분명하다.

사실 서울 한복판(나는 이제 아니지만!)에 살면서 밤하늘의 별을 바라보는 건 쉬운 일이 아니다. 가로등과 간판, 헤드라이트 등 온갖 가짜 별들이 어지럽게 밤거리를 채우는 것이 바로 서울의 밤이니까. 때문에 글램핑 파티의 백미가 자연 속에서 밤하늘을 보는 순간이라고 해도 과언이 아니다. 모닥불 앞에 옹기종기 모여 앉아 밤하늘을 바라보며 두런두런 밀린 대화를 나누고, 때론 속 깊은 이야기까지 꺼내는 건 글램핑의 낭만이 주는 덤이다.

그렇지만 밤새 밤하늘만 바라보며 대화만 할 수는 없는 노릇! 이럴 때 필요한 게 바로 오감을 자극하는 바비큐 요리다. 텐트 앞에 바비큐 조리대를 설치한다면 부족함 없이 온갖 조리가 가능하다. 고기와 해산물, 야채 등을 굽고, 이왕이면 예쁜 꼬치구이와 함께 상에 올려 보자. 향긋한 숯 냄새가 밴 바비큐는 언제 먹어도 질리지 않는 캠핑의 백미이고, 들고 먹는 재미가 있는 꼬치구이는 파티 테이블과 썩 잘 어울린다. 꼬치구이는 어떤 종류든 그저 꿰기만 하면 OK. 얇게 자른 감자, 방울토마토, 파인애플, 새우, 버섯 등 비슷한 크기의 재료를 모으고 모아 꼬치에 꿰어 보자. 따로 재료 준비할 필요도 없으니 간편하고, 잔반 해결에도 도움이 되며, 모양도 그럴듯하니 일석삼조.

꼭 판을 크게 벌린 바비큐 파티만이 아니라, 작은 모닥불에 은박지로 감싼 감자와 고구마만 구워 먹어도 바비큐 못지않은 훌륭한 파티 음식이 된다. 여기에 따끈하게 데운 뱅쇼와 아이들을 위한 핫초코가 있다면 배부르고 등 따뜻하며, 향긋하기까지 한 밤의 만찬이 될 것이다.

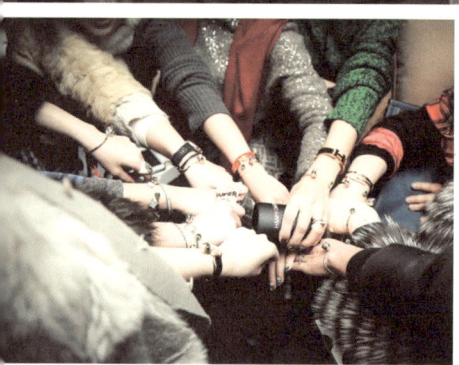

모여서 먹고 노는 것도 즐겁지만 이왕이면 좋은 일을 해 보자는 데 게스트들의 의견이 일치했다. 아이들에게도 직접 참여해서 기금을 마련하는 건 좋은 경험이 될 테니까.

파티 초대장이 전달될 때 하달된 미션은 바로 '옥션에 기증할 소장품을 챙겨 오세요'. 아이들은 엄마와 함께 어떤 제품이 기증하는 사람도, 낙찰 받는 사람도 기쁠지 고민하며 신중하게 소장품을 골랐다. 그렇게 모인 소장품 리스트는 그야말로 어마어마! 주얼리와 클러치, 모자 같은 액세서리부터 직접 만든 코트(앤디앤뎁의 디자이너가 우리의 멤버이기에 가능했던!), 화장품, 어린이용 가방, 자전거까지 각양각색의 소장품이 인디언 텐트 안을 가득 채웠다. 언제나 내 마음속에 있는 다짐은 역시 '이왕 하는 거 제대로 하자'. 옥션용 번호표까지 만드니 아이들 얼굴에 흥분이 가득 어렸다. 드디어 시작된 글램핑 파티배 옥션 반전은 아이들의 호응이 좋아도 너무 좋았다는 거다. 5만 원짜리 클러치를 엄마에게 사 주겠다는 아들의 호언장담에 흐뭇한 것도 잠시, 단숨에 10만 원을 부르는 아들의 입을 막느라 엄마도, 친구들도 모두 배꼽 빠지게 웃었다. 어른들이 할 만한 주얼리에 욕심 내며 번호표를 내려놓지 못하는 꼬마 숙녀가 있는가 하면 진행자의 멘트에 아랑곳하지 않고 다음 소장품으로 빨리 넘어가라고 재촉하는 녀석까지! 세계 그 어떤 옥션도 이 인디언 텐트에서의 옥션만큼 치열하진 않으리!

서로에게 부담을 주지 않기 위해 소장품의 실비 50%를 제외하고 나머지 금액을 모두 굿네이버스에 기부하였다. 어려운 이웃을 돕는 이날의 행사는 아이들에게는 나눔의 의미를 깨닫게 하고 엄마들에게는 가슴 훈훈해지는 에피소드로 기억되었다. 기부 금액이 많든 적든 그게 무슨 대수랴. 언제나 삶의 한 부분에 모두가 함께 나누는 삶의 의미를 또렷이 새기고 살아간다는 것만으로도 이미 나눔은 시작된 것이다.

CAMPING IN THE CITY

glamping party

Camping in the City

Style

글램핑 파티에 캠핑복을 입고 오는 건 실례. 명색이 파티인데 드레스업은 기본. 그렇지만 드레시한 룩을 입는 것이 드레스업은 아니다. 파티의 콘셉트에 맞는 옷이 바로 그 파티에 가장 잘 어울리는 드레스업임을 기억할 것. 가을에 글램핑 파티를 했던 나의 룩을 예로 들자면 라이딩 부츠나 스노 부츠에 빈티지한 데님과 컬러풀한 니트를 매치했다. 보헤미안풍의 원피스와 퍼 아이템을 믹스하는 것도 좋은 방법. 캠핑과 어울리는 요소와 파티다운 디테일의 매치, 이것이 바로 감각이다!

Deco

중요한 건 기존의 구조물이 어떤 컬러와 분위기를 지녔는가이다. 텐트는 보헤미안 분위기인데 소품들은 죄다 네온 컬러 일색이라면 그 어떤 솜씨 좋은 플래너라도 예쁘게 스타일링하기 어렵다. 가장 손쉬운 방법은 자연친화적인 소품을 활용해 숲속의 산장 같은 느낌을 내는 것. 나무로 된 소품, 브라운 톤의 식기류, 바구니, 빈티지한 패브릭을 준비해 장식해 보자. 여기에 가렌드와 종이꽃으로 텐트의 천장을 채운다면 파티 분위기를 내는 데 부족함이 없을 것이다.

Food

야외로 음식을 바리바리 싸서 나가는 건 쉽지 않다. 때문에 포트럭으로 각자 한 가지씩 음식을 준비하는 것을 추천! 별다른 조리 과정 필요 없이 간단하게 데워서 바로 먹을 수 있는 음식 위주로 구성하고, 후식으로 풍성한 샐러드와 과일이면 충분하다. 물론 바비큐를 빼놓을 수는 없다. 고기와 구워 먹을 야채, 새우 등을 꼬치에 꿰어 먹으면 삼겹살보다 보기에도 좋고, 아이들도 더 즐거워한다. 마지막으로 고구마와 감자를 구워 먹는다면 그 어떤 산해진미도 부럽지 않다.

아이들을 위해
우리 어른들이 망가지자.
동심의 세계로 온 가족이 변장.
내가 제일 무섭게 변신!
아빠들이 제일 웃겨.
마법의 원더랜드,
호박이 걸어 다녀.

역시 처음이 어렵지,
시작하면 이뤄지게 마련이다.
망설이지 말고,
우리 모두 할로윈 파티에 도전해 보자.

10월이다! 매달 달력이 빼곡하도록 온갖 파티와 이벤트로 바쁘지만, 10월은 유난히 더 특별하다. 왜? 바로 할로윈 파티가 있는 달이니까!

항상 할로윈 데이가 되면 외국 문화라 어색하면서도 그냥 넘어가긴 또 섭섭한 것이 엄마 마음. 아이들에게 마법사 복장을 입혀 동네 친구 집으로 사탕 바구니를 들려 내보내곤 했다.("Trick or Treat!"을 외치는 모습이 어찌나 앙증맞은지!) 동네 엄마들끼리 모여도 결국은 엄마들은 커피 마시고, 레크리에이션 강사가 아이들과 2시간—시간이 돈이니까—정도 놀아 주고 나면 파티는 끝. 누구를 위한 할로윈 데이인지, 아이들이 진짜 즐거워할지에 대한 의문이 계속 남았다.

그래서 2011년에는 조금 판을 키워 보기로 엄마들과 작당 모의를 했다. 우리 집을 파티 장소로 제공한다고 나서니 어떤 엄마는 김치며 밑반찬을 가지고 온다 하고, 어떤 엄마는 찰밥을 맞춰 오겠다며 나섰다. 오뎅은 부산에서 공수하기! 잘 먹지도 않는 케이크는 떡으로 대신하고, 한쪽에서는 고기도 굽기로 결정! 너무 동네 잔치 같을까 걱정 끝에 이왕 하는 거 엄마와 아빠도 아이들처럼 코스튬 의상을 입기로 했다. 의견을 모아 판을 키우니 순식간에 제법 큰 할로윈 파티 계획이 완성됐다. 외국에서는 어떻게 할로윈 파티를 여는지 자세히 모르지만 딴 건 몰라도 가족과 함께라는 점은 정말 마음에 들었다. 그래, 아이들한테는 엄마, 아빠와 함께하는 파티가 언제나 중요해. 나 역시 이제는 섹시한 간호사 복을 입고 가슴에 피를 뿌리는 코스튬보다는 호박을 머리에 뒤집어 쓰고 망토를 휘날리는 아이들과 몸이 부서져라 뛰어노는 것이 더 좋은 걸 보면 영락없는 엄마이긴 한가 보다.

말 그대로 어리바리 시작한 할로윈 파티는 이제 제법 입소문이 날 만큼 변정수표 파티의 대명사로 자리 잡았다. 물론 첫 파티 사진을 보면 민망하기도 하다. 나름 공들이긴 했지만 초보 티가 줄줄 흐르는 썰렁한 데커레이션, 쭈뼛거리는 게스트 등 사진만 봐도 파티 초심자의 어색함이 가득하다. 아, 이래서 완벽한 파티 분위기 구성과 이벤트, 그리고 파티를 주도하는 호스트의 능력이 중요한가 보다. 그래도 역시 시간이 약. 자평하건데 2012년엔 그나마 할로윈 분위기가 나는 파티 연출이 가능해졌고, 2013년에는 쓰러지도록 웃고 놀 수 있는 이벤트와 완벽한 데커레이션이 드디어 완성됐다. 역시 처음이 어렵지, 모든 것은 이뤄지기 마련이다. 망설이지 말고, 우리 모두 할로윈 파티에 도전해 보자. 아이들은 물론 가족 모두에게 절대 잊히지 않는 절대 마력의 이벤트가 될지니!

Halloween Horror Nights

**그간의 파티 노하우를 집대성한
나의 할로윈 파티는 언제나
가족 중심의 위트 넘치는 이벤트다.**

2013년의 할로윈 파티는 120여 명의 게스트를 초대한 초대형 프로젝트이자 초대박 파티였다. 그간의 노하우를 집대성한 나의 할로윈 파티는 가족을 중심으로 한 위트 넘치는 이벤트성 파티로, 참석한 이들에게 '파티란 이건 거다'라고 제대로 보여 줬다(라고 자신한다!).

이렇게 대규모 파티를 할 때는 전문가의 도움이 절실하다. 나 역시 다양한 파티 경험을 통해 30명 안팎의 인원이 초대되는 규모야 뚝딱 치러 내는 내공을 갖추긴 했지만 게스트가 그 이상이 될 때는 전문 파티 플래너의 손길을 빌리곤 한다. 대규모 프로젝트답게 약 3주 전부터 엄마들과 함께 할로윈 파티의 콘셉트 회의를 함께 시작하였고, 파티 플래너를 비롯 음식과 이벤트 준비를 도와줄 올해의 파티 도우미들도 콘셉트 회의와 함께 구성됐다.

Makeup shop open! "가장 무섭게 해 주세요!"

**행사는 시작 전이 가장 바쁘지만,
한편으론 가장 흥분되는 시간이다.**

드디어 할로윈 파티 날이 밝았다! 정신 없어도 두근거림만은 이때가 최고조다. 아이들은 전날까지 확인한 게스트의 명단을 한 번 더 살펴보고 리스트를 작성해 벽면에 붙이느라, 아빠는 미리 게스트들과 의논한 놀 거리 순서를 정리하느라 온통 야단법석. 파티장에는 그날의 프로그램을 게스트들이 한눈에 볼 수 있도록 할로윈 분위기를 물씬 풍기는 거대한 보드판을 만들어서 걸어놨다. 자, 보라구. 오늘 당신들이 즐길 것들이 이렇게 수두룩하다고!

게스트들이 드디어 입장을 시작했다. 미리 발송된 초대장을 고사리손에 꼭 쥐고 코스튬 복장을 한 채 들어서는 아이들 얼굴이 흥분으로 발갛게 달아올랐다. 더욱이 초대장으로 게스트 리스트를 확인하고, 그 아이들만 손등에 도장을 받아 입장할 수 있으니 내가 스페셜 게스트라는 흥분이 아이들 사이에 순식간에 퍼져 나간다. 파티는 자고로 흥분되어야 제 맛인 법!

염색해서 미리 설치해 둔 거대한 천들이 전날 비가 오는 바람에 쫄딱 젖었다.
오히려 마르면서 얼룩덜룩해져 더 음산한 고스트 하우스로 변신 완성! 파티 플래너 민보람, 민보연 나의 멋진 동지들!

같이 만들 수 있는 것은 아이들과 함께 만들기.
거즈에 종이를 구겨 넣어 유령 얼굴을 만들고 눈, 코, 입 찍기! 아이들과 함께 만드는 것만으로도 충분히 행복한 순간이다.

평범한 건 가라.
할로윈 데커레이션은 무조건 으스스하고,
괴기스러우면서도 위트 있을 것!

할로윈 파티의 콘셉트는 중세시대가 떠오르는 고풍스러운 분위기가 최고. 으스스한 분위기와 장난스러운 장식들이 어우러져 아이들도 재미있게 즐길 수 있도록 연출했다. 메인 장소인 정원을 파티 장소로 꾸미기 위해 첫 번째 할로윈 파티 때부터 써먹고 있는 빈티지한 천들을 이층 난간과 현관 등에 걸어 폐가 느낌으로 변신시키는 것부터 시작됐다. 새것이었던 천들은 역시 세월의 때가 묻으니 오히려 더 앤티크한 느낌이 강렬해졌다. 장마철에 비 좀 맞히고 창고에서 좀 더 묵혔다가 내년에는 더 오래돼 보이게 만들어야겠단 의지가 마구 샘솟았다. 한켠에서는 시트지 작업이 이뤄졌다. 가렌드와 시트지는 언제나 파티를 연출할 때 가장 먼저 선택하는 효자 아이템 중 하나다. 정원과 이어진 유리문과 창문, 현관에서 마당으로 올라오는 계단 등에 시트지를 붙이면 별다른 소품 없이도 분위기를 자아낼 수 있다.

마당의 나무에는 해골 모형이 주렁주렁 걸렸다. 매번 파티 때마다 느끼지만 마당의 나무는 데커레이션을 하기 위한 구조물로 너무나 적절한 존재. 나뭇잎이 떨어진 앙상한 가지에 해골 모형이 걸리니 그로테스크한 느낌이 할로윈 파티에 딱이다. 마당 곳곳에는 비석과 호박 모형, 검은 새장, 캔들이 비치됐고, 지난 크리스마스에 만든 정원이의 돌하우스에는 거대한 거미가 거미줄을 쳤다. 좀 심심하다 싶은 곳에는 어김없이 유령 모형과 스크림 가면이 습자지로 만든 종이꽃들과 함께 대롱대롱 매달렸는데, 몇몇 아이들은 진짜 유령인 줄 알고 울음을 터뜨려 미취학 아동을 둔 부모들은 아이들과 유령이 친해지도록 하는 데 시간을 할애하는 진풍경이 펼쳐지기도 했다.

how to make

거즈유령 오너먼트

집안 곳곳에서 할로윈 분위기를 돋우었어요.

다양한 표정으로 보기만 해도 웃음이 나오는 소품이다.
야외 나무나 차양 끝에 매달아 주면 작은 바람에도
움직이면서 으스스한 분위기를 연출한다.

재료: 거즈, 신문지, 와이어(굵은 것, 얇은 것), 그물망, 블랙 펠트, 초커, 낚싯줄

① 신문지를 작고 동그랗게 구긴다. 신문지 대신 솜뭉치나 탁구공 같은 재료를 사용해도 좋다.

② 거즈는 가위로 칼집만 조금 내면 손으로 쉽게 찢어지기 때문에 손으로 거친 느낌이 나게 찢는다.

③ 굵은 와이어로 거즈 안쪽에 양팔을 벌린 모양을 연출한다.

④ 동그랗게 구긴 신문지 위에 거즈를 감싸고 얇은 와이어로 묶는다.

⑤ 블랙 펠트에 초커로 잭의 눈, 코, 입을 그린 후 자른다.

⑥ 블랙 펠트로 다양한 눈, 코, 입 모양을 자른 후 글루건을 사용해 ④에 붙인다.

⑦ 걸 수 있도록 낚싯줄을 그물망에 연결한다.

할로윈 데코 플레이트

맛있는 눈알! 드셔보실래요?

파티 음식도 어떻게 세팅하느냐에 따라 호스트의 센스를 엿볼 수 있다.

음식으로 장난 좀 쳐 보자! 물론 먹을 수 있게 만드는 건 당연지사!

재료 : 접시, 모차렐라치즈, 키위, 블랙 올리브, 발사믹, 식용 피

① 모차렐라치즈를 원형으로 납작하게 자른다.

② 키위도 모차렐라치즈 위에 얹을 수 있는 크기로 납작하게 썬다.

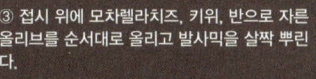

③ 접시 위에 모차렐라치즈, 키위, 반으로 자른 올리브를 순서대로 올리고 발사믹을 살짝 뿌린다.

④ 식용 소품인 피를 짜서 뿌리고 얇은 스틱이나 이쑤시개로 뿌려진 피를 펴 주어 마치 눈의 실핏줄처럼 연출한다.

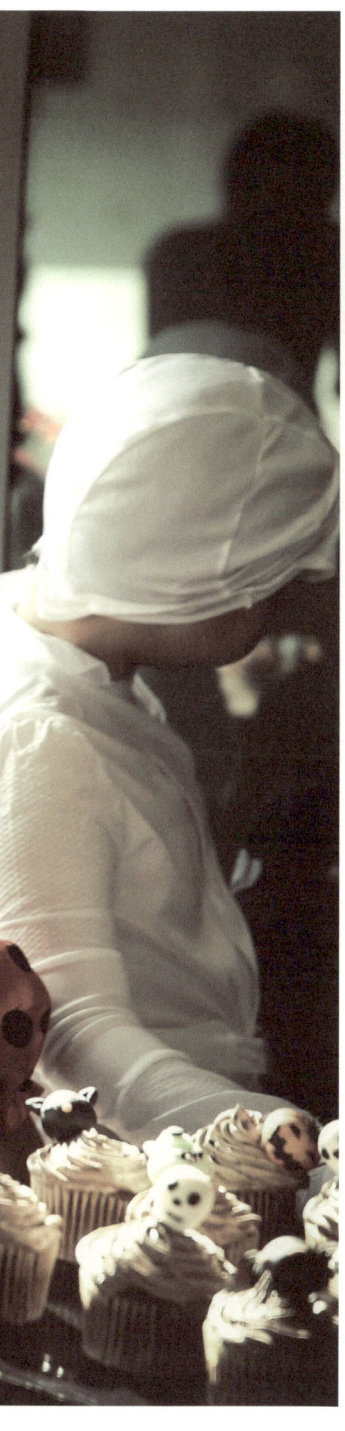

Witch's Table

음식과 테이블을
할로윈 분위기로 디자인하라!

음식 준비만큼이나 중요한 건 어떻게 세팅하느냐다. 할로윈 파티의 테이블은 특히나 중요하다. 갑자기 현실적인 한식 정찬 요리는 재미없지 않은가.

검은 천으로 뒤덮인 테이블 위에 군데군데 거미줄 모양의 스티커를 붙였다. 괴기스러움을 연출하는 데에는 거미줄만 한 것도 없다. 군데군데 놓인 앤티크한 촛대는 꼭 불을 켜지 않아도 그 자체만으로도 훌륭한 데커레이션이 된다.

실질적으로 배를 채울 수 있는 음식과 데커레이션이 되는 음식을 적절히 섞어 배치하는 것이 포인트. 장식을 하기 어려운 메뉴에는 접시 위에 해골을 떡 하니 올리는 것만으로 장식을 하고, 케이크에는 할로윈 파티 번팅(장식용 깃발)이나 재미있는 픽을 꽂아 연출한다. 사탕처럼 바구니에 담을 수 있는 메뉴는 이왕이면 호박 바구니를 이용해 보자. 인터넷에서 단돈 몇 천 원이면 구매 가능하다. 크기별로 구매해서 쌓아 놓듯 세팅하는 것도 좋다. 꼭 음식을 담는 용도뿐만 아니라 꽃을 담는 용기 등으로 사용한다면 할로윈 분위기를 내기에 제격이다. 음식으로는 쌀쌀한 가을 날씨에는 어묵탕이 제격. 마녀가 수프를 끓이듯 커다란 검은색 냄비를 준비한다면 재미있는 데커레이션이 된다.

우리 집, 어디 간 거니?

❶ 이층과 정원으로 이어지는 거대한 가렌드의 향연! 오래되니 더욱 음산해서 딱 좋다. 예쁘게 걸기보다는 최대한 얼기설기 걸어서 고스트 하우스 느낌을 주는 데 주력했다. 군데군데 자리한 스크림 가면은 아이들을 놀래킬 비장의 무기. ❷ 고이고이 모아온 빈 병들이 빛을 발하는 순간. 아이들과 유령 표정으로 스티커 작업을 하고 안에 초를 넣었다. 밤이 되니 다른 조명이 필요 없을 정도로 멋스럽다. ❸ 달걀에 구멍을 뚫어 귀여운 유령의 얼굴을 만들고, 작은 둥지 안에 넣어서 테이블을 장식한다. 우리 가족의 할로윈 데이 역사를 알 수 있는 2012년 사진도 함께 장식했다.

❶ 벨벳 드레스의 리치한 분위기 덕에 백작부인으로 완벽 변신 완료. "백작부인이 서빙하는 컵케이크 좀 드셔 보실래요?" ❷ 아이들이 뛰어놀다 집어 먹기 좋은 카나페 등 핑거푸드를 다양하게 준비했다. 아빠 눈엔 안주거리일 테지만. ❸ 말린 연밥 구멍에서 기어 나오는 지렁이 젤리라니! ❹ 해골 옆 잔에 담긴 피의 정체는? 아쉽게도 달콤한 라즈베리 주스! ❺ 모차렐라치즈와 키위, 발사믹을 활용해 충혈된 눈을 만들었다. 할로윈 파티 메뉴의 승부수는 위트 있는 아이디어란 점을 잊지 말 것. ❻ 유령 모양으로 구운 쿠키는 할로윈 테이블에서 빼놓을 수 없는 메뉴. 엄마와 함께 구워 보는 것도 아이들에게는 재미있는 놀이다. ❼ 호박 모양으로 만든 꿀떡 위에 거미를 올려놓았다. 아이들에게 인기만점 간식!

Makeup Point

![Halloween makeup]

아이들의 상처 분장. 최고의 메이크업 상(賞)!

창백한 정원이 귀신.

무덤에서 튀어나온 백작부인

식용 색소와 물엿, 커피를 섞어
달콤한 가짜 피 만들기 성공!

할로윈 메이크업은 예쁘냐가 아닌 얼마나 파격적이냐가 관건. 때문에 메이크업 수준이 아닌 특수분장이 필수. 생각보다 간단하니 미리 겁먹지 말길. 포인트는 바로 현실적으로 피 흘리기다. 식용 색소와 물엿, 커피를 점성과 색깔을 확인해 가며 적절히 섞으면 달콤한 피 만들기 성공! 좀 더 끈적한 피를 원한다면 밀가루를 조금 섞어 주면 된다. 나 같은 경우는 목에 있는 상처를 아예 특수분장의 포인트로 활용했다. 상처 위에 휴지를 얇게 붙이고 그 위에 식용 색소와 와인색 립스틱으로 말라붙은 피 느낌을 더했다. 여기에 블랙 섀도로 부패한 것처럼 연출하니 생각보다 감쪽같아 만족스러웠다. 물론 너무 괴기스러운 메이크업만이 답은 아니다. 나 역시 거대하게 부풀린 머리 사이사이에 낙엽을 찔러 넣어 무덤에서 막 기어 나온 시체 느낌을 위트 있게 더했으니까. 가부키처럼 하얗게 메이크업한 얼굴에 아이섀도로 색칠해 멍든 느낌을 주는 것도 재미있다.

유령 신부로 변신한 변정수,
중세시대 아낙네로 변신한 채원,
귀여운 캣우먼 정원.
2012년 우리 가족의
할로윈 풍경.

Challenge Halloween Costume

**옷보다도 신경 써야 할 것은
헤어와 메이크업**

할로윈 파티의 화룡점정은 역시 어떤 인물로 변신하느냐다. 파티 의상을 고를 때 첫 번째 고민은 늘 '얼마나 예쁘냐'지만 할로윈은 다르다. 얼마나 파격적이고 남다르며 눈길을 끌 수 있는 의상 혹은 인물로 변신하느냐가 관건. 때문에 옷만 신경 쓸 게 아니라 헤어와 메이크업에도 남다른 공이 들어간다.

처음 할로윈 파티를 열었을 때 대부분의 게스트들은 적당한 코스튬 의상에 말간 얼굴로 파티장에 들어서곤 했다. 그렇지만 할로윈 파티를 제대로 즐기려면 완벽한 의상과 특수분장이 필수! 개인적으로 소장하고 있는 독특한 코스튬 의상과 소품, 특수분장을 도와줄 전문가를 동원해 게스트들을 유혹한 결과 다들 〈유령신부〉에 등장할 법한 캐릭터로 대변신했다. 원래 어떤 옷을 입느냐에 따라 태도나 자세도 달라지는 법 아닌가. 일단 누가 누구인지 알아보기 힘들 정도로 특수분장을 하고 나니 소품으로 놓인 거대한 인형을 타고 올라가거나 기괴한 소품을 짊어지고 경악할 만한 포즈로 사진을 찍는 풍경이 예사로 펼쳐지는, 진정한 의미의 할로윈 파티가 완성됐다.

할로윈 드레스업 변천사

2011   2012   2013

· 2011년 할로윈에서는 숲 속의 요정으로 변신. 문제는 과감하지 못했다는 점! 아무리 생각해도 입가에 한 줄기 피 정도는 흘리고 있어야 하는데, 할로윈치고 너무 깔끔한 얼굴이다.

· 2012년 할로윈에서는 유령신부가 되었다. 갑상선암 수술을 받은 후 여전히 흉터가 남아 있었기 때문에, 이걸 애처롭게 숨기느니 당당하게 분장의 포인트로 활용! 갑상선에 상처 있는 유령신부가 되었다.

· 2013년 할로윈에는 특이하게 시상식에서 입었던 구찌 드레스를 입고 백작부인 좀비로 변신! 덕분에 매우 고혹적이고 관능적인 귀신이 되었다(고 믿는다)!

정원이의 놀이학교 동기생 엄마. 오랜 외국 생활로 가장 적극적으로 참여한 그녀. 2011년 메두사로 분장해 모두를 놀라게 하더니 2012년에는 잠자는 숲 속의 공주를 괴롭히는 13번째 마녀로, 2013년에는 어둠의 여왕으로 변신!

2011

2012

2013

또 다른 정원이의 놀이학교 동기생 엄마. 2011년에는 가발만 쓰고 약간은 소극적인 모습을 보이던 그녀가 2012년에는 특수분장을 한 귀여운 마녀로, 2013년에는 왕관까지 쓴 카리스마 넘치는 죽음의 마녀로 등장했다.

미스 할로윈을 소개합니다

알프스 소녀 하이디부터
백설공주까지.
할로윈 파티에서 아빠들 복장은
여장으로 통일!

할로윈 파티의 드레스업을 가장 꺼리는 인물들은 바로 아빠다. 아빠들 입장에서 코스튬 의상을 입고 옆집 아빠를 만난다는 건 '이건 현실이 아니야'라며 현실을 부정하게 할 만한 사건이니까. 처음 할로윈 파티를 열었을 때도 아빠들 중 대부분은 평상복 차림이었다. 그보다 더 많은 아빠들은 아예 안 왔고. 이럴 때는 누군가 한 번 심하게 망가져 줄 필요가 있는데, 아이언맨 슈트를 입었다가 파티 내내 따라다니는 아이들 때문에 곤욕을 치른 나의 남편은 이번엔 이왕 망가질 거 웃기기라도 하자며 과감하게 여장을 선택했다.

알프스 소녀 하이디부터 백설공주까지. 다양한 레퍼토리를 소화한 나의 남편 덕분에, 할로윈 파티에서 아빠들 복장은 여장으로 공식화되었다. 우람한 다리를 드러내고 공주 옷을 입은 아빠들은 할로윈 파티의 꽃으로 거듭났고, 때론 다른 아빠의 공주 옷에 시샘 어린 눈길을 보내며 "이 옷 어디서 샀냐?"는 대화로 서로 친해지기에 이르렀으니 이 정도면 놀라운 변화다.

파티 홀릭, 꼬마 댄서들

아이들을 위한 즐길 거리.
세계적인 마술사,
동네 오빠의 흥미진진 마술쇼와
막춤 타임!

마술사를 초대해서 아이들과 놀아 주는 것도 필요하지만, 그런 프로그램이 아이들이 직접 꾸미는 무대만큼 재미나 의미가 있을 리 없다.

고민 끝에 스페셜 게스트로 아이들의 동네 오빠들을 초대했다. 바쁜 시간을 쪼개 달려온 동네 오빠들은 훌륭한 마술쇼로 엄청난 호응을 이끌어냈다. 카드 마술, 공이 사라지는 마술 등 어른들이 보기에는 재롱잔치 수준이어도 어린 꼬마 게스트들에게는 데이비드 코퍼필드(David Copperfield) 저리 가라다. 오빠들이 "마술 도와주실 손님 계신가요?" 정중히 묻자 객석 안에서 서로 손을 들며 뛰쳐나가던 아이들 모습은 그야말로 흥분 그 자체.

마술이 끝나고 나선 역시 막춤 타임이 필수다. 몸을 움직여야 에너지 발산이 되는 아이들에게 객석에 앉아 바라만 보는 프로그램은 한계가 있으니까. 어떤 장르의 음악이든 막춤으로 소화하며 가을의 뙤약볕 아래 구슬땀을 흘리던 아이들은 음악이 끝나자마자 케이터링 테이블로 직행, 지렁이 젤리와 피 주스를 흡입했다.

Highlight! 아이돌이 된 아빠

여장을 한 아빠들이 청춘을 불사르며 준비한
'빠빠빠' 공연은 그 어떤 초대 가수보다도
열광적인 호응을 얻었다.

가족 단위 파티의 화룡점정은 언제나 이벤트다. 가족이 함께 웃고 즐길 수 있는 이벤트는 파티의 흥을 돋우는 중요한 키워드. 이번 할로윈 파티의 최고 이벤트는 바로 아빠들의 공연이었다. 작년 할로윈 파티 때 '강남스타일' 공연을 펼쳐 최고의 셀레브러티(연예인인 나보다 더 많은 사진 촬영 요청을 받은 아빠들은 점점 더 도도해진 태도로 엄마들을 경악케 했다)로 거듭난 아빠들은 올해에도 심기일전하여 이벤트를 준비했다. 바로 크레용팝의 '빠빠빠' 댄스. 작년처럼 여장을 한 아빠들이 청춘을 불사르며 준비한 '빠빠빠' 공연은 그 어떤 초대 가수보다도 열광적인 호응을 얻었다.

닉네임 소녀경, 백심이, 된장녀, 오르가슴, 주근깨삐삐, 아퍼!뒷태까지. 여장을 하고 무대를 채운 아빠들이 하이라이트인 점핑을 하던 순간의 환호성이란. 엄청난 호응에 의기양양해진 아빠들은 그 굵은 다리로 끝도 없이 점핑을 하며 내년 할로윈에는 보다 더 파격적인 무대로 팬들을 만족시키리라 다짐했다는(궁금하신 분들은 유튜브에서 '쓰레기 빠빠빠'를 검색하세요!).

아이들이 직접 준비한 이벤트도 빼놓을 수 없다. 정원이와 친구들이 함께 준비한 댄스 공연과 가수 김현철 씨의 아들이 준비한 마술쇼 등은 보는 것도 즐거울 뿐만 아니라 아이들에게도 특별한 추억이 된다. 할로윈 파티의 대미를 장식하는 건 뭐니 뭐니 해도 바로 베스트 드레서 상! 치열한 심사 끝에 선정된 인물들에게 직접 드레스 코드를 설명하게 하고, 캐릭터에 맞는 포즈도 요구해 보자.

물론 모든 이벤트에는 선물이 뒤따라야 하는 법. 특히 아이들의 이벤트에는 쿠폰이 유용할 수 있다. 놀이공원 입장권, 1회 여행권, 라면 시식권, 컴퓨터 게임 3일 이용권 등 아이들에게 금지되었던 것들을 쿠폰으로 내 놓는 것도 좋은 아이디어.

모든 할로윈 파티 때 이런 프로그램을 준비하는 건 물론 쉽지 않다. 엄마, 아빠가 직접 준비하지 못했다면 페이스 페인팅 등 약간의 준비물만 있으면 가능한 놀이를 고민해 보자.

당촌 'Pretty Girls'

당촌이 낳은 최고의 걸그룹, 당촌 프리티 걸스를 소개합니다! 정원이가 다니는 당촌초등학교 친구들 7명으로 구성된 당촌 프리티 걸스는, 내 생각이지만 이 지역에서만큼은 소녀시대 못지않다. 이미 걸스카우트 대회, 성남 벼룩시장 등 굵직한 행사에서 스페셜 게스트로 공연을 펼치며 이미 그 인기를 검증 받은 바 있다. 프리티 걸스가 결성된 건 아이들에게 어떤 임무를 완수했을 때의 성취감과 완수하기 위한 과정에서 필요한 인내심을 키우기 위한 엄마들의 묘안이었다. 할 수 있는 건 방송댄스 수업을 통해 배운 씨스타의 '러빙유' 한 곡뿐이지만, 이 한 곡을 완벽 마스터하기 위해 아이들이 들인 노력은 아빠들의 '쓰레기 빠빠빠' 저리 가라다. 아이들이 짧은 팔다리를 휘적거리며 뻣뻣 웨이브를 선보일 때, 딸바보 아빠와 동네 꼬마 소년 여럿이 쓰러졌다는 후문.

가족단위 파티에서는 아이들이 모여 장기를 뽐낼 수 있는 프로그램을 구성해보자. 협동심도 기르고 아이에게 성취감과 자신감을 키워 줄 수 있다.

애들아,
오늘만큼은 맘껏 웃어. ㅎㅎ
지붕에 올라가도 혼내지 않을게.
엄마 화장품? 맘껏 써.
오늘은 맨발로 다녀도, 뛰어다녀도 좋아. ♡
적어도 오늘만큼은
모든 것이 허락된 일탈의 시간이니까.

바람 빠진 삐에로가 된 정원이 친구의 아빠. 그래도 귀여우십니다!

앵무새와 진저쿠키의 앙증맞은 댄스 타임.

영화 〈캐리비안의 해적〉에 등장하는 데비 존슨 선장 가면을 쓴 남편과 숲 속의 여신이 된 나. 이때까지만 해도 남편은 코스튬 의상에 대한 부끄러움을 극복하지 못했다.

이런 행사가 처음인 엄마들도 함께 꾸미다 보면 이내 파티에 완벽 동화되곤 한다.

엘비스 프레슬리가 찍어 주는 사진, 원해요

2011 HALLOWEEN DAY

해적 아빠가 먹여 주는
부산 오뎅에 꽂힌 걸? 정답은 보이!

흥분의 도가니에 빠진
귀여운 꼬마 요정들.

컵케이크 인형과 태엽 인형 자매.

가위 소년, 금발 인형, 하이디 소녀, 모두 우리의 아빠들입니다!

닭살 커플 세종대왕과 주몽 엄마

슈렉 쌍둥이 등장. 실상은 쑥스러움을
극복하지 못한 아빠들의 가면 변장이다.

특수분장한 얼굴로
시선을 모은 거미부인.

배고픈 드라큘라에게 나의 피쯤이야 기꺼이!

오늘만큼은 한쪽 눈 가리는
불편쯤 감수할래요!

2012 Halloween Day

보라색 조커는 무서운 분장 덕분에
아이들에게 공포의 대상이 되었다.

외면할 수 없는 장화 신은 고양이의 눈망울!

다들 장식용 인형인 줄 착각했다가
움직이는 순간 헉!

된장녀와 백작부인 좀비, 소녀 해적을 소개합니다.

남자 아이들이 가장 좋아한 캐릭터는
바로 닌자와 스크림!

거대한 백설이는 아이들에게 인기 짱 캐릭터!
부인과 함께 서니 완전 미녀와 야수다.

섹시한 백설이와 어둠의 여왕. 귀여운 좀비들.

도도한 공주님과
평생 시녀로 임명된 엄마.

2013 HALLOWEEN DAY

마녀 엄마의 쌍둥이 남매.

작년의 닭살 세종대왕 커플이 올해는 퇴마사 가족으로 변신!

2년째 전설의 고향에 집착 중인 모녀.

카드 마술을 보여 준 마술사 친구들.
무대에서 사라진 카드는 어디로 갔을까?

1930년대 풍의
고전적인 레이디.

"지금 이순간을
기록하자.."

Lets Hallween PARTY!

How to
Halloween Party

Style

할로윈 파티의 꽃은 역시 코스튬! 쑥스럽다고 평상복을 입고 파티에 갔다가는 오히려 더 눈에 띌 테니 마음을 비우고 과감하게 일탈을 감행해 보길. 인터넷만 뒤져도 코스튬 의상을 대여할 수 있는 곳이 수두룩하다. 캐릭터를 정해 의상을 대여할 때는 헤어와 메이크업, 캐릭터와 어울리는 소품(스파이더맨의 거미줄, 마녀의 빗자루 등) 역시 고려해 결정해야 한다. 자신이 없을 때는 블랙 슈트에 망토를 두른 드라큘라나 블랙 드레스에 괴기한 메이크업을 한 미망인 콘셉트 등 과하지 않게 평소 의상을 활용할 수 있는 캐릭터를 찾아도 된다.

Deco

아이들과 함께한다면 으스스한 할로윈보다는 영화나 애니메이션, 동화 속 캐릭터를 활용해 친근하고 위트 있는 데커레이션을 시도하자. 사실 할로윈은 파티가 지닌 상징적인 이미지가 명확하기 때문에 데커레이션이 어렵지 않다. 할로윈과 어울리는 블랙과 오렌지 컬러를 메인 컬러로 정한 후 풍선이나 직접 만든 종이꽃 등으로 공간을 장식하고 장난스러운 표정의 호박 조명을 곳곳에 세팅하는 것만으로도 손쉽게 분위기를 연출할 수 있다. 심심하게 느껴지는 곳에는 거미와 거미줄, 박쥐, 해골 등 할로윈과 어울리는 캐릭터 시트지를 붙이는 것만으로도 손쉽게 완성!

Food

예쁜 핑거푸드보다는 할로윈 분위기에 어울리는 메뉴 구성이 필요하다. 박쥐, 유령, 거미 모양을 한 쿠키와 할로윈 파티 번팅이 더해진 케이크는 기본! 삶은 달걀 표면에 유령의 표정을 그려 넣거나, 하얀 요플레 위에 스트로베리 시럽을 피처럼 뿌리는 등 간단한 아이디어를 발휘해 보는 것도 좋다. 메뉴 구성이 어렵다면 일반적인 메뉴에 간단한 소품을 더하는 것도 좋은 방법. 검은 접시 위에 음식을 담고, 중앙에 해골 모형을 얹거나 호박 바구니에 음식을 담아서 세팅하는 등 몇 가지 소품만 잘 활용해도 할로윈 테이블 세팅이 어렵지 않다.

나의 40은 너의 20보다 아름답다

Fablous
40's

Friends Party
여자는 나이 40에 성숙해진대.
너의 나이를 공개해!
오늘은 드레스를 입는 날!
청바지에 맨발이어도 좋아.
샴페인을 터트리자!

40

"Fourty Years old Party!"

난 여전히 여자다. 생물학적인 구분법을 이야기하는 게 아니다. 여자라는 단어 안에 포함된 본능적인 욕구를 여전히 가지고 있다는 말이다. 남편과 아이가 생기고, 출산과 세월 덕분에 늙고 빛 바랬어도 여전히 누군가에게 예쁘고 섹시하고 싶은 여자의 욕구. 대부분의 여자들은, 이 가장 근원적인 욕구를 외면한다. 왜? 아이를 키우고, 가정을 꾸려야 하니까.

그렇다고 해서 주변만 탓할 필요는 없다. 따지고 보면 어린 시절 '저렇게 되지 말아야지' 맹세했던 파마머리 아줌마로 스스로를 몰아넣고 있는 거니까. 하다 못해 아이들도 엄마가 예쁘고 젊길 바란다. 여전히 난 여자라고 만방에 외치고, 늘어졌던 나의 몸과 마음에 다시 한 번 긴장을 불어넣기 위한 계기를 만들자는 것. 나이 마흔이 넘어 프렌즈 파티를 기획하게 된 건 이 때문이다.

5명의 절친들에게 가장 예쁜 현재를 사진으로 남기자고 제안했을 때 모두가 반대했다. 그럴 줄 알았어. 나이 마흔이 넘어 뭐하는 짓이냐, 지금이 뭐가 예쁘냐, 부끄럽고 남사스럽다, 바쁘다, 귀찮다. 예상 가능한 반대 이유가 쏟아졌지만, 가는 세월 앞에 장사 없고, 오늘보다 내일 더 늙기 마련이란 나의 설득에 결국 카메라 앞에 서기로 약속했다. 이왕 사진 찍는 거, 판을 크게 벌렸다. 새삼 느꼈다. 아, 난 정말 손이 크구나?! 온갖 인맥을 동원해 드레스를 빌리고, 헤어와 메이크업 시안을 잡고, 사진 찍는 순간을 파티처럼 즐기기 위한 케이터링도 마련했다. 그야말로 동네가 들썩일 정도로 준비에 공을 들였다. 나를 위한 거니까!

그야말로 동네가 들썩일 정도로 준비에 공을 들였다. 나를 위한 거니까!

Friends Party

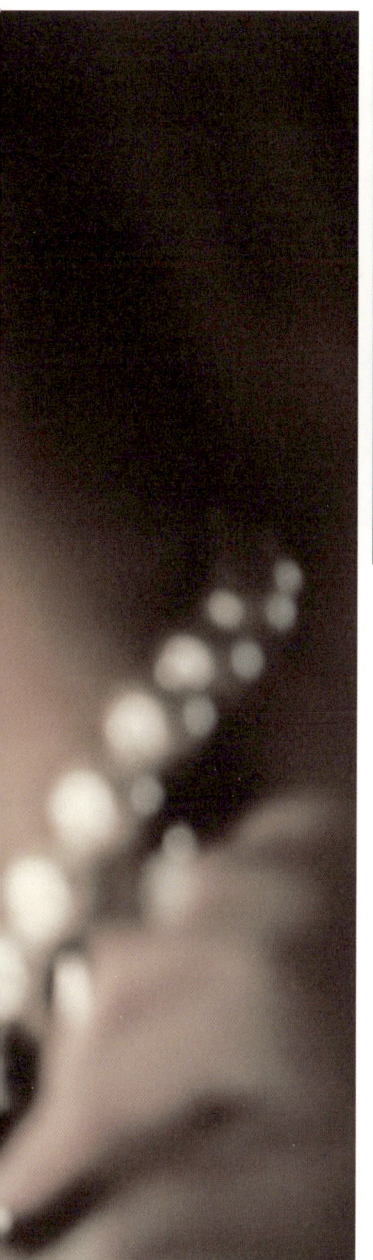

여전히 아름다운 나를 기록하라

**늘 남편과 자식에게 양보하느라
정작 자신을 챙길 줄 몰랐던 그녀들에게
이런 욕망이 숨어 있었다니!**

내가 동분서주하는 동안 친구들은 다이어트에 돌입했다. 훗, 귀찮다더니 예뻐 보이고 싶긴 하구나. 다이어트뿐이랴. 다이어트 중에도 총성 없는 전쟁터였건만, 그건 약과였다. 진짜 전쟁은 스튜디오에 모인 순간 벌어진 것! 예쁜 드레스는 누가 봐도 예쁘기 마련. 좀 더 예쁜 드레스를 차지하기 위한 신경전은, 자신의 옷보다 친구 옷이 더 예쁘다고 울고 불고 하는 정원이와 다를 바가 없었다. 스타일에 예민하신 딸내미들 비위 맞추는 일엔 이골이 났지만 마흔이 넘은 이 아줌마들을 나 혼자 감당하는 것은 결코 쉽지 않았다. 늘 남편과 자식들에게 양보하느라 정작 본인 것은 챙길 줄 몰랐던 그녀들에게 이런 욕망이 숨어 있었다니! 내 친구들이 너무 귀엽다.

누구나 반짝반짝 빛났던 순간이 있잖아.
오늘만큼은 '나'를 찾자!

"친구야, 너도 그러니? 아이들 학교 보내고 남편 출근시키고 나면 헝클어진 옷매무새 다듬을 시간도 없이 집안 정리를 하고, 바쁘게 옷을 입고 나가. 그러다 문득 스쳐가는 거울에 비친 내 모습을 보고 놀라지. 악, 저 여자 누구야?

우리에게도 반짝반짝 빛나던 순간이 있었잖아. 누구의 엄마와 아내가 아닌, 나 변정수로 살아가던 그 시절! 화장품을 사고, 쇼핑을 하느라 발이 부르트도록 동대문을 휘젓고 다니다가 다음 날은 늘어지게 낮잠 자고, 밤이면 다시 모여서 우리 그렇게 수다를 떨었잖아. 할 말은 왜 그렇게 많던지……

시간을 돌리고 싶은 건 아냐. 그저 하루 24시간 중 몇 시간만은 나를 위해 투자하고 싶어. 나만 그런 건 아니지?"

167

이게 원래 내 모습이야!

"어쩌면 우리 넷이 천생연분일지 몰라.
멋진 남자들은 재미로 만나는 거고,
우리가 서로의 천생연분이 아닐까?"
— 〈섹스 앤 더 시티〉 중 샬롯의 대사

드라마 〈결혼하고 싶은 여자〉에서 내가 맡은 역할은 미드 〈섹스 앤 더 시티〉의 사만다와 많이 닮아 있다. 나를 위한 삶을 살아가는 여자! 이 드라마를 찍으며 수없이 대리만족과 희열을 느꼈다. 내가 가지 못한 길을 가는 캐릭터라니, 이 맛에 배우하지!

친구들을 만날 때면 순간 변정수로 돌아온다. 미안하지만 아이와 남편은 잠깐 잊고 예전처럼 네 얘기, 내 얘기 쏟아내며 깔깔깔. 때문에 친구들과 있는 순간은 메마른 감성을 파릇하게 싹 틔우는 기분을 느끼게 한다.

파티를 진행하며 우리는 내내 웃었다. 포즈가 웃겨서 웃고, 배가 나와서 웃고, 웃다가 입이 아파서 또 웃고! 드레스 자락을 휘날리며 개구쟁이처럼 뛰어다니는 우리를 찍느라 포토그래퍼가 힘들다고 하소연할 정도였으니 말 다했다. 그렇지만 이 모습이 나라고! 진짜 나를 일깨워 준 친구들, 우리 진짜 천생연분인가 봐.

Fabulous 40's

나이 오십에도
이렇게 찍을 수 있겠지?

여신 드레스 촬영이 끝난 후에는 각기 다른 스타일링을 통해 여전한 젊음을 보여 줄 수 있는 룩으로 갈아입었다. 화이트 톱에 진 팬츠, 그리고 맨발이 콘셉트! 사실 화이트 톱은 멀고도 먼 존재였던 것이 사실. 20년 전에나 입어 봤을까? 팔뚝과 허리 라인을 드러내기 위해 우린 수없이 많은 밤을 허기와 싸우며 보내야 했다. 그 고생이 아깝지 않을 정도로 우리는 진짜 예뻤다. 스타일도 다르고, 몸매도 다르고, 얼굴도 다르니 연출법도 각양각색. 여기에 우리의 동지, 은경 언니가 직접 디자인한 스튜디오 6(Studio 6ix) 주얼리를 잔뜩 쌓아 놓고 이리저리 매치해 보느라 또 한바탕 수다를 떨었다. 이 앨범을 통해 세월이 흐른 후에도 우리의 40대가 아름답게 기억된다면, 나이 오십에도 이렇게 찍을 수 있겠지? 꼭 찍을 거야!!!

Dress Point 20대보다 내세울 수 있는 건 관능미라는 점도 잊지 말자. 살짝 드러난 데콜테, 슬릿 사이로 드러나는 다리 라인 등 감질나는 노출로 원숙한 아름다움을 강조해 보자.

Hair Point 정말 약속이나 한 듯이 늘 질끈 동여맨 머리도 오늘 같은 날엔 바람을 쐬게 해 주자. 굵은 웨이브로 자연스럽게 늘어뜨려 지나치게 세팅된 촌스러움은 피한다. 반 묶음으로 목 라인을 드러내거나, 버블 헤어(풍선처럼 뒷머리를 부풀리는 스타일)로 클래식한 매력을 더하는 것도 좋다. 심심하다면 헤어 액세서리를 적극 활용하자. 빈티지한 주얼리 밴드나 화려한 헤어 핀은 티아라보다 발랄하면서도 드레시한 분위기를 만들어 준다.

Party Pouch

Makeup Point

"난 풀 메이크업을 하면 오히려 이상해"라고 말하는 여자들의 대부분은 자기 의사를 분명하게 표현하지 않는 경우가 많다. 메이크업 전문가의 의견을 따르는 것도 필요하지만 얼굴의 장단점을 가장 잘 아는 건 본인이라는 사실을 잊지 말자. 적극적으로 자기 의사를 표현하고, 필요하다면 예쁘다고 생각한 메이크업 시안을 전문가에게 보여 주고 조언을 구하자. "코가 낮으니 높여 주세요"보다는 "큰 눈을 강조한 스모키 메이크업을 해 주세요" 버전이 좋다. 단점 가릴 생각 말고, 장점을 부각시키라는 말이다. 그래도 풀 메이크업 한 얼굴이 불편하게 느껴진다면? 화려한 메이크업에 목숨 걸지 말고 생기 넘치는 피부 톤과 아이라인을 강조한 심플한 메이크업을 하라. 이것만으로도 충분히 세련되게 보인다.

Photo Point

예쁜 옷을 입었다고 해서 머리부터 발끝까지 사진에 담을 필요는 없다. 뒷모습, 발끝, 손끝, 때론 그림자까지. 전신 컷보다 이런 부분 컷이 그 당시의 상황을 떠올리게 하는 좋은 추억거리가 된다. 얼굴 클로즈업도 부담스러워할 필요 없다. 싱그러움은 사그라졌을지라도 세월의 흐름이 가득한 얼굴은 서른의 나, 마흔의 나 자신이기에 기록하는 것만으로도 의미가 있다. 때론 흑백사진으로 세월의 흐름을 포착하는 것도 멋스러운 방법!

Jewelry Point

드레스를 입는다고 해서 꼭 값비싼 파인 주얼리를 고집할 필요는 없다. 코스튬 주얼리는 파인 주얼리 못지않은 고급스러움과 화려한 디자인으로 그 어떤 룩이라도 단박에 드레시하게 변화시킨다. 미니멀한 원피스도, 매니시한 팬츠 룩도 코스튬 주얼리를 매치하는 것만으로 파티 룩으로 업그레이드! 우리끼리 하는 파티인 만큼 오늘은 '투머치(too much)'도 괜찮다.

나만 바라봐!

예쁘게 드레스업한 이날만큼은 진짜 파티의 주인공처럼 우아하고 아름답게! 간단한 핑거푸드를 준비하되, 파티의 분위기를 고려해 디자인과 데커레이션도 신경 써 보자. 파티 분위기를 만드는 건 이런 소소한 요소들이 완벽하게 조화를 이룰 때니까! 물론 샴페인 한잔도 빼놓을 수 없다. 샴페인을 마시며 깔깔대는 모습을 자연스럽게 스냅으로 촬영해도 좋지만, 무엇보다 어색함을 없애는 데는 알코올만 한 효자가 없다.

케이크에 꽂힌 초 개수, 더 이상 세지 말기. 내 나이가 어때서?

오늘이 제일 젊은 날이다

오늘이 제일 젊은 하루이듯
멋지게 성숙하게 인생을 같이 만들어 가자구나!
— 은경 언니의 땡큐 카드 중에서

대미를 장식한 건 하얀 천으로 중요 부위(?)만을 가린 과감한 세미 누드! 일렬로 주르르 서기도 하고, 바닥에 눕거나 장난스럽게 친구의 무릎 위에 앉기도 하며, '끼' 부리는 포즈가 총출동했다. 가장 망설였지만, 가장 추억이 되기도 했던 이 컷을 마지막으로 모든 촬영이 끝났다. 그리고 며칠 후, 친구의 생일 선물과 땡큐 카드가 도착했다.

"우리의 에너자이저 정수야, 날마다 반복되는 일상을 특별하게 만들어 줘서 고마워."

무슨 소리, 내 인생을 특별하게 해 주는 건 바로 당신들이라고. 땡큐!

그리고 며칠 후, 그날의 사진이 담긴 앨범을 각자에게 발송했고 우리는 남편들의 질투 어린 다그침을 들어야만 했다.

"촬영한 사람 남자 아냐?" "스태프 중에 남자 많았어?" "왜 당신 드레스만 이렇게 푹 파였어?" "바지가 너무 짧잖아!" 등등! 아, 이 남자가 나한테 언제부터 이렇게 관심이 있었지 싶을 정도로 잔소리가 쏟아졌다. "글쎄……, 남자가 있었나? 너무 몰입해서 기억이 안 나" "다들 내 가슴 라인이 예쁘다고 해서 노출해 봤지" "예쁜 건 공유해야 하니까 노출했지" 등 질투를 자극하는 멘트에 파르르 하는 내 남자의 모습이라니. 이번 촬영 덕분에 우리 모두는 연애 시절로 돌아간 듯 간만의 '밀당'을 즐겼다.

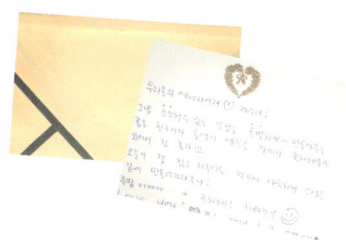

'50 대여간' 'Fifty Crazy'로
다시 뭉치자..

친구들아. 50대에인. *Fifty Crazy*로 다시 뭉치자
그땐. 우리의 남프렛과 아이들 모두 함께....

Fablous

40's

How to
Friends Party

Style

20대가 젊음의 건강함으로 승부한다면 40대의 무기는 원숙미다. 너무 캐주얼한 룩보다는 드레시하고 우아한 분위기가 더 어울린다는 말이다. 드레스 룩은 기본. 여기에 내추럴한 룩(데님이나 셔츠 같은)을 추가하는 것만으로도 충분하다. 비슷한 콘셉트보다는 상반된 분위기의 의상을 준비해야 표정이나 포즈가 보다 다양해질 수 있다.

Deco

프렌즈 파티를 촬영할 때는 특별한 데커레이션이 필요하진 않다. 대부분 세팅되어 있는 스튜디오에서 촬영을 진행하니까. 대신 빈 공간에서 촬영을 하면 포즈를 취하기 어려우니 이때 도움이 될 만한 소품을 콘셉트에 맞게 준비해 보자. 앉았을 때 다리가 길어 보이는 바 의자, 드레스 자락을 휘날릴 수 있는 사다리, 손 동작이 허전할 때를 대비한 우산이나 꽃다발 등 별 것 아닌 소품이어도 상관없다.

Food

옷을 차려입고 촬영을 하다 보면 음식을 먹기가 불편하다. 차라리 이날만큼은 먹기 위한 음식이 아닌 촬영을 위한 음식을 준비하는 게 더 낫다. 간단한 케이터링과 과일로 테이블을 예쁘게 세팅하고, 마시기도 하고 포즈 취할 때 소품으로 활용할 수 있는 샴페인을 준비할 것. 친구들과 케이크를 먹는 모습을 스냅으로 촬영하면 내추럴한 모습 덕분에 연출한 사진보다 더 예쁘게 나올 수도 있다. 알딸딸한 알코올 기운에 포즈가 과감해지는 건 보너스다.

우리 가족 특급 프로젝트, Christmas Party

Christmas at home

우리 가족을 위한 파티를 하자.
엄마는 음식을 할게.
너희들은 종이로 오너먼트를 만들고
트리를 장식해 줘.
아빠는 우리들의 산타가 되어 줘.
그리고 무엇보다
정원에 있는 자두나무를
가장 블링블링하게 만들자.

크리스마스 파티가 열리는 아침이 밝아왔다. 우리 가족에게 크리스마스는 오롯이 가족과 함께하는 한 해의 마무리 파티라는 개념이 강하다. 늘 복작복작 많은 손님을 초대하는 대규모 파티를 해 왔지만, 크리스마스만큼은 가족을 위한 파티 타임. 그렇지만 데커레이션이나 파티룩만큼은 그 어떤 파티보다 공들인다. 당연하다. 우리 가족을 위한 거니까!

크리스마스 파티를 준비할 때 가장 처음 떠오르는 이미지는 거대한 트리와 알록달록한 데커레이션. 그렇지만 어느 공간에서 파티를 진행하느냐에 따라 같은 파티여도 콘셉트는 분명 다르게 해야 한다. 특히 하우스 파티의 승패는 집 안의 구조물을 어떻게 활용하느냐가 관건! 우리 집과는 전혀 다른 남의 집 파티를 샘플로 정해놓고 똑같이 연출이 안 된다고 툴툴거릴 것이 아니라 나의 공간을 어떻게 활용해 파티를 기획할 것인지 고민하는 게 맞다. 남의 파티는 답안이 아닌 커닝 페이퍼 정도. 전체적인 구조, 컬러감, 하다 못해 자연광이 언제 예쁜지조차 다 다르니 파티 계획을 짜기 전 우선 우리 집의 스타일 파악을 먼저 하길. 우리 집은 겨울이면 컬러감이 전멸한다. 눈이 오면 온통 도화지처럼 하얗게 변하거나 겨울 바람이 부는 고즈넉한 들판이 펼쳐지니까. 때문에 글리터링한 컬러감으로 생동감을 주고, 아이들과 함께하는 파티이니만큼 동화적인 요소를 더하기로 했다.

파티 계획을 짜기 전
우선 우리 집의 스타일 파악을 먼저!

Christmas
Party

Christmas Fantasy

**메인이 되는 포인트를
정하는 것이 좋은데
크리스마스는 역시 트리가 중심이 된다.**

우선 트리를 거실로 들여왔다. 집 안에서 크리스마스 파티를 준비할 때 범하는 실수 중 하나가 파티장이 된 거실 전체를 크리스마스 소품으로 가득 채우려고 하는 것이다. 그럴 경우 파티 사진을 찍어도 사람은 안 보이고 장식만 보이니 조심하길. 파티의 주인공이 트리에 걸린 오너먼트처럼 보이면 곤란하니까. 메인이 되는 포인트를 정하는 것이 좋은데 크리스마스에는 트리가 중심이 된다. 일반적으로 트리를 설치하고 아래 선물 상자로 장식하는데, 우리는 메인 장식을 두 가지로 나누기 위해 트리와 선물 상자 놓는 곳을 따로 분리했다.

크리스마스 데커레이션의 빈티지한 분위기와 이자벨 마랑(Isabel Marant) 스타일이 지닌 보헤미안적인 분위기가 완벽하게 맞아떨어졌다. 같은 디자인을 가족 모두가 입어도 잘 어울리니 지금 생각해도 최고의 선택이다. 같은 옷을 입는다고 해서 머리부터 발끝까지 똑같을 필요는 없다. 스팽글 팬츠, 샤랄라한 스커트, 찢어진 데님 등 하의는 각자의 취향대로! 덕분에 스타일리시한 가족 사진이 완성됐다.

**트리 아래 옹기종기 앉아
선물 상자를 주고받는 모습……
그래, 이게 바로 행복이지!**

우선 트리 장식 시작! 노란 별 오너먼트와 빨간 방울은 이제 그만. 크리스마스 카드에도 이젠 그런 식상한 트리는 등장하지 않는다. 일단 오너먼트의 주된 컬러로 퍼플과 블루 계열이 당첨, 메인 컬러 중심으로 절제된 컬러로 오너먼트를 장식해 모던하게 연출했다. 전나무 가지가 불쌍하도록 오너먼트를 잔뜩 장식하는 대신 중간중간 낙엽을 꽂고 밑동 부분에 나무 장작을 자연스럽게 배치하니 겨울의 계절감이 살아나 산장 안처럼 따뜻한 느낌이 거실을 가득 채웠다. 한켠에는 선물 상자로 또 다른 포인트 섹션을 꾸몄다. 선물 상자는 그 자체로도 데커레이션이 되는데, 이왕이면 더 많아 보이고 화려해 보이는 연출이 필수!(그래야 아이들도 두근두근 기대한다) 고근호 작가의 거대한 로봇 오브제와 병정 인형들로 중심을 잡고 예쁘게 포장된 선물 상자들을 배치했다. 단색의 포장지와 영문 신문지를 연상시키는 빈티지한 포장지를 섞어서 사용한 덕분에 이국적인 분위기가 물씬 풍긴다. 앤티크한 책자와 미러볼 등 파티 분위기와 어울리는 오브제를 섞어서 세팅하면 정작 선물 상자는 3~4개라 할지라도 산타 할아버지의 썰매를 그대로 옮겨놓은 듯 풍성한 이미지를 연출하는 데 도움이 된다. 트리 아래 옹기종기 앉아 선물 상자를 여는 아이들 모습은, 화려하고 북적이는 파티 대신 가족과 소박하고 따뜻한 파티로 계획한 나의 선택이 옳았음을 다시 한 번 확인시킨다. 그래, 이게 바로 행복이지!

메인 장식 외에는 집 안의 기존 구조나 기물을 활용해 일상적인 느낌이 나도록 세팅했다. 할로윈 파티 때부터 키우고 있는 계단의 쥐 모양 스티커 옆에 피리 부는 소년의 스티커를 붙였더니 분위기가 색달랐다. 아이들의 빨간 장화에 눈이 내린 나뭇가지들을 꽂고, 창가에는 낮은 촛대와 미니 트리들을 햇빛 아래 놓았다. 철사를 감아 올린 미니 트리는 간단하면서도 다른 트리와는 비교할 수 없는 독특한 아이템! 꼬아 올린 철사의 잔여물로 지저분해진 밑동 부분을 솔방울과 나뭇잎으로 교묘하게 가리면 완성이다.

It's My Precious!

파티 당일이 되면 집 안 곳곳에는 온갖 스티커가 난무한다. 계단에는 피리 부는 소년을 따라 오르내리는 쥐 모양 스티커(무려 3년째 제자리다!)가, 창문에는 순록 뿔 모양 스티커와 크리스마스 글자 스티커가 가득 붙여진다. 중요한 건 집 안 물건에 상처 나면 어쩌나 하는 소심한 걱정을 버리고 대범하게 장식하라는 것. 집보다는 가족의 행복이 더 중요하니깐!

온실처럼 꾸며 놓은 베란다는 나의 보물창고. 파티를 준비할 때마다 새로 소품을 샀다가는 금세 파산에 이르고 말 테니 어느 파티에든 두루 활용할 수 있는 아이템들을 구입했다가 이 온실 안에 정리해 둔다. 필요할 때마다 꺼내 사용한다.

Merry Christmas

POISON
SAGO
PEARL BARLEY
PRUNES
RICE MILK
Sokeri
sugar

**내 소품들의 특징은
각자 두었을 때는 잡동사니지만
모였을 때는 완벽한
하모니를 이루는
빈티지 파티 아이템으로
변신한다는 점!**

베란다로 사용하던 공간을 확장한 나의 온실을 한마디로 표현하자면? 오 마이 프레셔스! 장장 18년 동안 모델과 배우로 활동해 오면서 모은 잡동사니들이 바로 이 공간 안에 가득하다. 이 소품들의 특징은 각자 두었을 때는 잡동사니지만 2개가 되고, 3개가 되었을 때는 완벽한 하모니를 이루는 빈티지 파티 아이템으로 변신한다는 점!

빈티지 숍을 뒤지며 구매한 찻장과 벤치(가족이 총동원돼 새로 페인트 칠한!)가 수납용 가구 역할을 충실히 하는 가운데 그동안 모아 온 소품들이 보기 좋게 진열되어 있다. 파리에 여행 갔을 때 마신 음료수 병부터 엄마가 처녀 시절 사용한 그릇까지. 남들이 보면 고물이지만 내가 고이고이 손질한 덕분에 훌륭한 빈티지 소품이 되어 자기 역할을 충실히 수행하고 있다. 더구나 그 안에 담긴 스토리는 우리 가족의 역사이니 어찌 버릴 수 있을까.

이렇게 축적된 나의 빈티지들은 파티에서 빛을 발한다. 모든 콘셉트를 소화할 수 있는 멀티플레이어란 점이 바로 빈티지의 최대 장점이니까!

머릿속으로 상상하는
디자인 소품을 딱 구하기란
천생연분 만나기보다 어렵다

정원 한켠에는 이번 파티의 메인 테이블이 세팅됐다. 내가 좋아하는 나무 테이블이 햇볕 따뜻한 정원에 자리했는데, 식탁보를 깔까 고민하다가 산장 같은 분위기를 연출하기 위해 나무 자체의 존재감을 드러내기로 결정! 단 스팽글 러너로 블링블링한 포인트를 주었다. 이번 파티의 메인 컬러인 퍼플, 블루 등 비비드한 컬러의 소품과 블루톤의 투명 화병들, 높은 촛대 등으로 테이블을 가득 채웠다. 이번 파티에서 처음 시도한 소품 제작 중 한 가지가 바로 정원이의 순록 인형에 스팽글 가루를 뿌려 파티 소품으로 색다르게 변신시킨 것. 자고로 머릿속으로 상상하는 디자인 소품을 딱 구하기란 천생연분 만나기보다 쉽지 않다. 그럴 때는 직접 몸으로 부딪자. 태어날 때는 하얀 순록이었지만, 너에게 컬러풀한 순록으로 다시 태어날 기회를 부여하노니! 이런 아이디어만 있다면 원하는 소품을 쟁취하기란 결코 어렵지 않다. 여기에 아이들과 뒷산을 샅샅이 수색한 끝에 발견한 솔방울들 중 실한 아이들을 함께 세팅하니 마녀의 식탁처럼 묘한 분위기의 크리스마스 테이블이 완성됐다. 이거, 내년 할로윈 때 써먹어도 좋겠는데. 크리스마스 파티를 준비하면서 내년 할로윈을 고민하는 걸 보니 내가 파티 홀릭이긴 한 모양이다.

How to make party
패브릭 가렌드
바람에 살랑살랑, 소중한 파티 아이템!

삼각형의 간단한 모양이지만 만들어 걸면 파티 분위기 업!
패브릭은 올이 잘 풀리지 않는 재질을 사용한다.

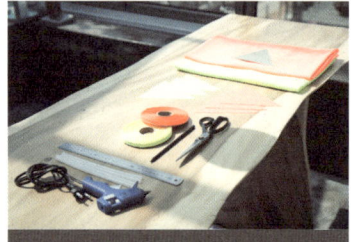

재료: 형광 노랑 & 형광 주황 천, 리본, 폼보드, 글루 & 글루건

① 패브릭은 자를 때 종이처럼 한번에 깨끗하게 잘리지 않기 때문에 두꺼운 종이나 폼보드로 가렌드 모양 샘플을 만든다.

② 패브릭에 모양 샘플을 대고 밑그림을 그린 후 가위로 자른다.

③ 리본에 글루건을 사용해서 잘라 놓은 패브릭을 붙인다.

페이퍼 펀칭 별 가렌드

크리스마스는 블링블링해야 돼요!

반짝반짝 별이 빛나는 모양.
펄감이 있는 종이를 사용해 더욱 예쁘다.

재료 : 색색의 색도화지, 모양 펀치, 스팽글 끈, 리본, 글루 & 글루건

① 페이퍼를 모양 펀치를 사용해서 펀칭한다. 너무 두꺼운 종이는 펀칭이 잘 안 되고, 또 너무 얇은 종이는 쉽게 찢어지므로 약간 도톰한 종이를 사용하면 좋다.

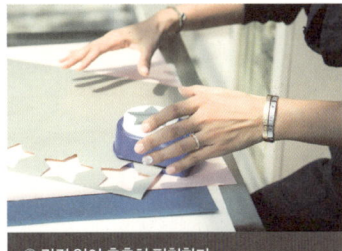

② 간격 없이 촘촘히 펀칭한다.

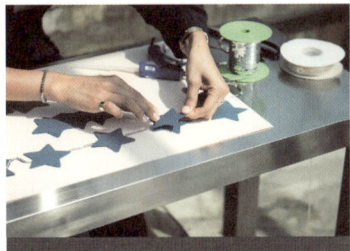

③ 리본에 글루건을 사용해서 펀칭된 페이퍼를 붙인다.

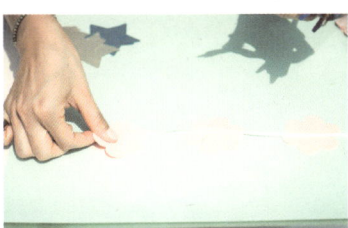

④ 벽면에 단면으로 가렌드를 연출할 경우 한 면만 붙여도 되지만 사방으로 보일 수 있는 공간에 연출할 경우 앞뒤 양면으로 붙이면 리본이 보이지 않아 더 깔끔하게 만들 수 있다.

How to make party
빈티지 페이퍼 소품
색바랜 종이가 따스함을 줘요.

빈티지한 소품과 페이퍼를 이용해도 분위기 있는 크리스마스 데커레이션을 할 수 있다.
특히 공간이나 함께 연출하는 소품이 비비드하고 강한 컬러라면 이러한 빈티지한 느낌의 페이퍼 소품이
더 돋보일 수 있다. 못 쓰는 악보책이나 영자신문 등을 사용하면 빈티지 분위기를 더욱 살릴 수 있다.

재료 : 폼보드, 악보나 영자신문

① 악보나 영자신문을 직사각형으로 자른 뒤 콘
모양으로 말아서 테이프로 고정한다.

② 콘은 2~3가지 정도로 크기가 조금 차이가 나
게 만들 것.

③ 잘라 놓은 폼보드에 콘을 동그랗게 말아서 글
루건을 사용해 붙여 준다.

③ 완성된 리스 뒷면에 글루건으로 노끈을 붙여
서 고리를 만든다.

How to make party

글리터 시트 이니셜 오너먼트

파티 테마나 호스트의 이름을 걸어 둡니다.

인테리어 소품으로 많이 사용하는 시트지를 활용하는 방법도 있다.
이니셜이나 원하는 모양으로 폼보드를 잘라서 시트지를 붙이기만 하면 끝.
글리터 시트를 비롯해 다양한 질감의 시트지를 파티 콘셉트에 맞춰 사용해 보자.

재료 : 이니셜이 프린트된 종이, 폼보드, 글리터 시트지

① 원하는 문구를 프린트하고 모양대로 자른다.

② 잘라진 종이 이니셜을 뒤집어 글리터 시트지에 대고 테두리를 그린 후 자른다.

③ 폼보드에 잘라진 글리터 시트지를 붙인다.

④ 폼보드를 열선으로 자른다(가운데 부분은 칼로 자르기).

⑤ 낱개의 이니셜을 낚싯줄에 달아 걸어도 좋고, 가렌드처럼 리본이나 낚싯줄로 엮어서 연출해도 좋다.

솔방울 오너먼트

트리에 달거나 바구니에 담아 테이블 위에 놓아도 좋아요.

크리스마스 트리나 테이블 데커레이션에 흔하게 사용하는 솔방울에도
약간의 데커레이션만 더하면 특별한 아이템이 된다.
파티 콘셉트에 맞게 다양한 컬러로 연출할 수 있어 좋다.

재료 : 솔방울, 글리터 가루(터키블루, 핑크), 오공본드

① 솔방울 끝에 오공본드를 묻힌다. 이때 살짝 끝에만 본드를 발라 줘도 되는데 글리터가 붙여질 면적을 생각해서 본드를 입힌다.

② 글루가 굳기 전에 글리터 가루를 뿌리고 살짝 털어 준다.

③ 색색으로 묻혀 하나씩 말린다(트리에 달 때에는 리본을 묶어 연출한다).

창문 스카시(스티커)

DVD에서 다운 받아 실물크기로 쓰세요.

ⓒ파티클럽, 바이민

Magic of Garden

**하늘색 벽면에 빨간 지붕을 올린
이 작은 돌 하우스에 들어갈 수 있는 사람은
오직 아이들뿐이다.**

정원에 정원이를 위한 돌(doll) 하우스를 꾸몄다. 마치 디즈니 월드의 실사판처럼. 하늘색 벽면에 빨간 지붕을 올린 이 작은 돌 하우스에 들어갈 수 있는 사람은 오직 아이들뿐이다. 사이즈가 작으니까.

이 돌 하우스는 친구가 소품 가게를 정리하던 날 발견한 스누피 돌 하우스다. 오래돼서 색도 바래고 낡았는데 왜 그렇게 시선이 가던지. 냉큼 낚아채서 집으로 데리고 왔다. 꽤나 큰 돌 하우스를 본 남편은 노발대발, 잔소리가 쏟아졌다. 나에게는 시선이 가는 스누피 집이었지만, 남편에겐 그저 큰 짐이었으니까. 그래도 우리집 여자 3명은 그저 신나서 돌 하우스 앞에 돗자리를 깔고 누워 하루 종일 피크닉을 즐겼다. 그것도 모자라 채원이와 정원이의 친구들까지 총출동해서 침낭과 돗자리를 깔고 뒹굴었는데, 뒷마당을 가득 채운 아이들의 깔깔거림이 얼마나 눈부시던지.

생각해 보면 어른들도 나만의 공간을 끊임없이 꿈꾼다. 나 역시 나이 마흔이 넘어서도 여전히 '마법처럼 나만의 공간이 눈앞에 떡 하니 등장했으면'이란 황당무계한 꿈을 꾸곤 한다. 아이들은 더하다. 언제나 부모의 시선 안에 있는 아이들은 어쩌면 어른보다 더 본인만의 독립적인 공간을 꿈꾼다. 어른이 된 듯한 기분마저 느낄 수 있으니까. 그 꿈, 내 딸들에게는 실현시켜 주려고 스누피 돌 하우스를 아이들을 위한 공간으로 완벽 리모델링했다. 지붕은 빨갛게, 벽면은 파랗게 칠하고, 내부에는 앙증맞은 미니 선반을 매달았다. 안에 들어가면 허리를 펴기도 쉽지 않지만 정원이와 채원이는 부단히도 들락거리며 돌 하우스 안에서 자기들끼리만 소곤소곤 비밀을 나눴다. 소외감을 느낄 지경이다.

크리스마스에는 수문장처럼 거대한 곰 인형을 문 양옆에 세웠다. 공주님을 지키는 풍채 좋은 기사랄까. 벽면에는 수작업으로 완성한 영자신문 리스와 영문자 가렌드로 장식했는데 전문가의 도움을 받으니 생각보다 어렵지 않았다. 대신 시간이 많이 들어갈 뿐! 예쁜 그림이 있는 헌 책이 있다면 고깔 모양으로 말아서 만드는 리스에 도전해 보길 권한다. 빈티지한 색감도 예쁘고, 풍성한 볼륨감 덕분에 허전한 부분에 달면 시선을 확 사로잡는 데커레이션 아이템으로 효과 만점이다. 내부의 선반에는 정원이가 인형들로 가득 채웠다. 파티 날에는 의외로 아이들 로보트나 인형이 훌륭한 데커레이션 역할을 하니 하루 정도는 아이들에게 대여해 보는 것도 나쁘지 않다. 아이들 소품이 지닌 키치한 이미지는 마법처럼 파티장을 동화 속 한 장면으로 만드니까. 이 정도 마법이면 누구나 동화 속 주인공이 될 수 있다. 누구나 파티의 주인공이 될 수 있듯이!

누구나
동화 속 주인공이
될 수 있다.

나, 패션에 민감한 여자야!

크리스마스 파티를 하는 날은 언제나 그해의 가장 특별한 가족 사진을 찍는 날이다. 엄마들은 아이들이 태어나면 성장앨범부터 예약하고 스튜디오에서 아기 사진 찍기에 열을 올리는데, 결과적으로 만족하는 엄마들이 얼마나 될까 싶다. 비슷비슷한 공간에서 남들과 같은 옷을 입고 찍은 사진이니, 얼굴만 바뀔 뿐 다 똑같으니까. 때문에 우리 가족은 스튜디오든, 야외든, 집이든 사진을 찍는 날이면 우리 가족만의 데커레이션과 드레스 코드 정하기에 열을 올린다. 덕분에 중학생인 채원이는 빈티지 드레스를 입고 뛰어다니는 사진을 찍었고, 어린이집에 다니던 정원이는 엄마의 주얼리를 주렁주렁 걸치고 사진을 찍었다. 아이들은 그 사진을 보며 예쁜지 안 예쁜지를 말하지 않는다. "이때 내가 엄마의 주얼리가 탐나더라" "이 빈티지 드레스 구하느라 엄마랑 진짜 고생했는데" 하는 식으로 그 사진을 찍기까지의 과정에 담긴 스토리를 먼저 떠올린다. 그게 바로 성장앨범의 진짜 의미가 아닐까?

이번 드레스 룩은 H&M과 이자벨 마랑의 콜라보레이션 라인. 나 패션에 예민한 여자야! 세월이 흘러도 촌스럽지 않은 클래식한 드레스 룩과 가장 트렌디하고 동시대적인 룩은 언제나 우리 가족의 성장앨범을 채우는 주요한 드레스 코드다.

우리가 정원에서 선택한 포토존은 크리스마스 테이블이었는데, 앞서 언급했던 마녀의 식탁을 연상시키는 그 묘한 분위기 때문에 우리의 의상도 〈이상한 나라의 앨리스〉처럼 각기 다른 코스튬 의상으로 결정했다. 아빠는 스타일 좀 아는 집사처럼 로드 앤 테일러의 빨간 슈트에 과장된 톱햇(〈이상한 나라의 앨리스〉에 나오는 모자 장수를 떠올리면 된다)을 썼고, 채원이는 예쁜 마녀처럼 블랙 드레스에 빈티지한 진주 목걸이를 하고 오버사이즈 코트를 매치해 약간은 그로테스크한 느낌을 주었다. 바니 머리띠조차 블랙 레이스로 선택한 우리 채원이의 센스에 박수! 정원이와 나는 섹시한 여왕과 귀여운 공주로 변신했는데, 정원이의 빨간 타이즈와 빨간 퍼 베스트가 어찌나 귀엽던지 사진을 찍는 내내 웃음을 멈출 수가 없었다.

Magic of Garden

Christmas at Home

How to
Christmas Party

Style

가족 파티로 진행된 크리스마스 파티인 만큼 패밀리 룩으로 소화할 아이템을 찾는 것이 중요하다. 우리 가족이 선택한 H&M과 이자벨 마랑의 콜라보레이션 니트처럼 누가 입어도 예쁜 아이템을 선택하는 것이 관건. 여기에 각기 다른 소품과 하의로 살짝 다르게 연출하는 것이 묘미다. 아이는 니트에 샤 스커트를 매치하고 아빠는 치노 팬츠와 드라이빙 슈즈를 더한 것처럼. 붕어빵처럼 똑같은 룩은 아무리 스타일리시하게 입더라도 촌스럽다.

Deco

트리는 언제나 필수 요소. 획일적인 빨갛고 파란 볼을 달기보다는 가족이 좋아하는 컬러를 메인으로 정해 보자. 또는 가족의 사진이나 각자 의미가 있는 소품을 오너먼트로 활용해 트리를 장식하는 것도 방법이다. 마당에 큰 나무가 있다면 꼭 전나무가 아니더라도 충분히 트리가 될 수 있으니 고정된 선입견은 버릴 것! 집 안 전체를 크리스마스 분위기로 물들이기보다는 파티의 중심이 될 곳을 정해 집중적으로 스타일링(트리와 선물을 쌓는다던지)하고, 그 외 장소에는 기존 소품에 크리스마스 소품을 더하는 식으로 소박하게 장식하자. 아이들 장화에 나뭇가지를 꽂거나 창가에 블링블링한 미니 미러볼을 장식하는 정도로.

Food

오랜만에 단란한 가족 파티인 만큼 엄마의 솜씨를 발휘해 보자. 모두가 좋아하는 메뉴를 선정하는 것이 첫 번째 과제. 꼭 멋을 낸 음식일 필요는 없다. 테이블 위에 미니 트리나 솔방울, 캔들 등 크리스마스 분위기를 연출할 소품을 세팅한다면 떡볶이에 오뎅 국물이어도 충분히 파티는 즐겁다.

Some Party

변정수가 미처 하지 못했거나 앞으로 하고 싶은 파티들
집에서 할 수 있는 파티의 모든 것!

"Life is Party!"

'파티'라고 해서 거대한 규모의 화려한 사교 모임이라고 생각하는 건 옛말이다. 태어나 처음 맞이하는 기념일인 백일부터 돌, 아이들의 생일, 특별한 날의 키즈 파티, 웨딩 파티, 부모님이나 배우자의 생일 등 삶의 순간순간에 놓여 있는 행복한 날이 모두 파티가 될 수 있다. 파티는 가족과 가까운 이들과의 만남이자 소통이며 개인을 넘어 사회적 모임 등으로 폭을 넓히며 삶의 일부로 점차 자리 잡고 있다. 파티의 의미가 넓어지고 대중화되면서 베이비 파티와 키즈 파티, 패밀리 파티, 실버 파티 등의 하우스 파티가 보다 활발해졌고, 고정된 스타일이 존재했던 웨딩 파티도 각자의 개성을 담은 파티로 진화하고 있다. 뿐만 아니라 기업 비즈니스 영역에도 브랜드 론칭, 쇼케이스, VIP 고객 접대 등에 적극적으로 파티를 활용하고 있다. 파티 플래너가 소개하는 다양한 파티 문화와 특별한 팁을 공개한다.

Baby Party

가족의 성향, 문화, 분위기가 돋보이는
개성 넘치는 하우스 파티의 대명사, 베이비 파티.

1 행잉 이니셜로 장식한 파티 플레이스 벽면   **2** 블루 컬러와 코끼리를 모티브로 한 파티 테이블과 파티햇   **3** 'Little Gentleman' 콘셉트의 세리머니 테이블

Baby Shower

임신 7~8개월이 되었을 때 지인들이 산모를 위해 열어 주는 파티. 다양한 프로그램을 준비하기보다는 주인공의 컨디션을 배려해 산모가 좋아할 만한 음식을 함께 즐기며 육아 정보를 교류하는 분위기를 조성한다. 베이비샤워 파티에는 태어날 아기를 위한 선물이 필수. 이때 친구들끼리 선물 리스트를 공유해 겹치지 않도록 하고, 실용적인 아이템으로 준비하는 센스를 발휘한다.

100th day Party

백일 파티는 아이의 컨디션을 고려해 외부보다는 집에서 진행하는 것이 현명하다. 화려한 장식보다는 100일을 기념하는 위트 넘치는 파티 소품, 의상, 아기 이니셜이 들어간 배너, 가렌드를 활용해 집 안을 꾸미고 가족끼리 기념 사진을 찍는 것만으로도 충분하다.

1st Birthday Party

어느 나라를 가든 아기가 태어나 처음 맞이한 생일은 그 어떤 생일보다도 큰 의미가 있다. 소중한 날인 만큼 일생에 한 번뿐인 첫돌이 가족 모두의 기억에 남을 수 있도록 추억을 되새기는 데에 포인트를 두자. 예를 들어 돌 파티를 위한 비용을 또래의 어려운 형편의 아이들에게 기부를 하거나 가족들의 재능 기부를 통해 공연 형식으로 파티를 진행한다면 기억에 남는 특별한 파티가 될 것이다.

Kid's Party

아이를 키우는 엄마라면 누구나 매년 돌아오는 생일과 기념일이 고민스럽다.
적은 비용으로 파티를 효과적으로 진행하고 싶다면 파티의 콘셉트를 확실히 하는 것이 중요하다.

1 포토 부스에 마련된 위트 있는 소품들   **2** 'Little Gentleman' 콘셉트의 테이블   **3** 공주님을 위한 핑크 컬러의 로맨틱 키즈 파티 데커레이션

Birthday Party

아이들의 생일 파티는 게스트의 연령, 성비에 따라 다양한 파티 콘셉트로 매년 다르게 진행할 수 있다. 키즈 파티의 경우 다른 파티보다 규모
가 작은 편이기 때문에 전문가의 팁을 바탕으로 조금만 노력한다면 색다르고 멋진 파티 연출이 어렵지 않다.

Tips

1 테마와 컬러 콘셉트를 명확히!
파티의 콘셉트를 명확하고 세분화한다. 예를 들어 해적 파티, 프린세스 파티, 디즈니 파티 등으로 파티의 콘셉트를 잡는다면 데커레이션이나 파
티 프로그램을 짤 때 도움이 된다. 파티 콘셉트에 따라 메인 컬러를 정한 후 소품의 컬러와 패턴을 통일하면 세련된 이미지를 연출할 수 있다.

2 다다익선보다는 촌철살인 소품이 필요
소품을 많이 마련하는 것보다는 꼭 필요한 소품을 엄선해 센스있게 활용하면 훨씬 임팩트가 있다. 특히 키즈 파티의 메인이 되는 테이블 데커
레이션의 경우 음식과 소품으로 테이블을 가득 채우기보다는 메뉴를 정한 후 데커레이션의 컬러를 통일하고, 주인공의 이니셜이 프린트된 픽
을 꽂아 심플하게 완성하는 것이 실용적이다.

3 엄마와 함께하는 놀이를 고민하라
전문 레크리에이션 강사나 마술사를 초빙하는 것이 일반적이지만 때론 파티 분위기를 낼 수 있는 신나는 음악을 틀어놓고 엄마와 함께 쿠키
를 만들거나 직접 티셔츠에 그림을 그리는 미술 놀이 등 엄마와 함께하는 프로그램이 아이에게 더 큰 추억이 될 수 있다.

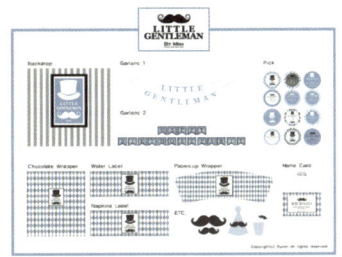 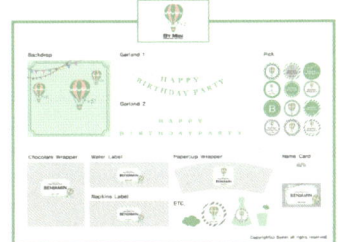 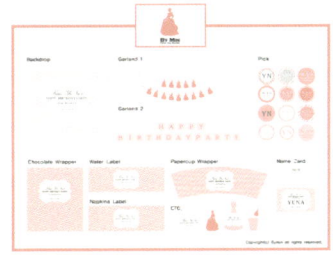

콘셉트별로 다양하게 구성된 파티 스테이셔너리 박스 패키지(바이민 www.bymin.co.kr 참조)

Wedding Party

가까운 지인 위주로 초대해 집이나 별장, 펜션, 작은 레스토랑에서 소규모로 진행하는 웨딩 파티가 인기를 얻고 있다. 웨딩 문화의 진화는 이뿐만이 아니다. 브라이덜 샤워, 프리 웨딩, 리마인드 웨딩 등 다양한 웨딩 관련 파티가 늘어나고 있다. 격식을 갖춘 예식보다는 가족, 친구들과 함께 즐기는 포토 파티 개념으로 진행되는 등 또 다른 웨딩 문화로 변모하고 있다.

Bridal Shower & Pre-Wedding Party

결혼을 앞둔 신부를 위해 친구들이 열어 주는 축하 파티인 브라이덜 샤워 파티 혹은 프리 웨딩 파티는 최근 웨딩 스튜디오 촬영으로 파티를 대신해 함께 추억을 기록하는 방향으로 달라졌다. 브라이덜 샤워와 프리 웨딩 파티는 크게 다른 점은 없지만 브라이덜 샤워 파티의 경우 신부 친구들이 주도를 하는 반면 프리 웨딩 파티는 가까운 지인과 함께한다는 정도의 차이점이 있다. 또한 브라이덜 샤워가 프리 웨딩 파티보다 조금 더 캐주얼한 분위기다.

Tips

1 드레스 코드를 사수하라

주인공인 예비 신부를 돋보이게 하기 위해 게스트는 신부와는 다른 컬러의 드레스를 입는 것이 예의다. 혹은 컬러는 같되 라인을 다르게 입는 것도 좋다.

2 포인트 액세서리를 활용하라

사진 촬영을 할 때 플라워 액세서리나 리본 등 로맨틱한 소품 혹은 위트 있는 헤어 액세서리나 안경을 활용해 개성 있게 사진을 찍을 수 있다. 남들과 다른 웨딩 화보를 만들고 싶다면 일반적인 웨딩에서는 보기 힘든 비비드 컬러 액세서리나 빈티지한 소품을 활용하라. 이국적인 분위기의 웨딩 파티를 연출할 수 있다.

3 선물 리스트는 미리미리

파티 주최자는 신부와 함께 선물 리스트를 작성해 친구들이 선물을 고를 수 있게 도와준다. 선물하는 사람의 고민도 덜어 주고 신부에겐 꼭 필요한 실용적인 선물을 줄 수 있도록 말이다.

함들이 파티

최근에는 함을 들이는 풍습이 많이 사라지고 있지만 그래도 결혼 전 예단과 혼서지를 담은 함을 함진아비가 메고 신부의 집에 들어가는 절차는 전통 예식에서는 매우 의미있는 단계. 때문에 생략하기보다는 현대적인 스타일의 파티로 변화시키는 것이 요즘의 추세.

Tips

1 전통적인 예는 꼭 갖추자

꼭 지켜야 할 절차는 아니지만 예로부터 바가지 깨기, 봉채떡 준비, 함진아비를 모시기 위한 술과 안주상 등 기본적인 사항은 지킨다. 모두가 함께 즐길 음식 준비도 필수.

2 간단한 함들이 파티 소품을 준비하자

주택보다는 아파트에서 함들이를 하는 경우가 많아 데커레이션을 화려하게 하지는 않지만 집 안팎에 초롱불 정도는 걸어 주자.
별도의 조명이나 소품을 이용하지 않고도 함들이 분위기를 자연스럽게 낼 수 있는 중요 아이템이다.

Private Party

이제는 친구, 동료, 지인들과 즐기는 와인 파티, 브런치 파티, 바비큐 파티, 기념일 파티 등이 더 이상 생소하지 않다. 나의 평범한 일상을 특별하게 가꾸고 싶은 이들이 많아졌기 때문. 특별한 이슈를 기념하기 위한 프라이빗 파티를 계획하고 있다면 마음 편히 즐길 수 있는 편안한 장소와 콘셉트에 맞는 스타일리시한 데커레이션, 색다른 메뉴 선정, 이 세 가지만 기억하면 된다.

Tips

1 첫걸음은 콘셉트 정하기
프라이빗 파티는 특별한 목적 없이 친목 도모를 위한 경우도 많다. 이럴 때는 모두가 즐거워할 만한 공통 관심사를 키워드로 정해 콘셉트가 있는 파티를 기획하는 것이 현명하다.

2 콘셉트에 맞는 장소를 섭외하라
흔한 레스토랑이나 답답한 집을 벗어나 색다르게 프라이빗 파티를 진행하고 싶다면 파티의 주제에 맞는 장소를 폭넓게 고민해 보자. 갤러리, 요트, 강연장, 야외 등 파티 장소는 어느 곳이어도 상관없으니까.

3 게스트의 취향을 고려한 메뉴를 선정하라
파티 케이터링을 준비할 때는 게스트의 성별, 연령은 물론 파티가 진행되는 시간대와 메인 음주류를 감안해서 선정한다. 파티의 성격에 따라 포트럭 파티로 진행하는 것도 좋은데 이럴 때는 호스트가 미리 메뉴 리스트를 만들어 서로 겹치지 않도록 배려할 것.

4 BGM과 프로그램으로 파티를 풍성하게!
파티 분위기를 좌우하는 건 역시 BGM과 프로그램이다. 게스트의 성향과 파티 컨셉트에 맞는 BGM은 그 어떤 소품보다 전체적인 분위기를 이끄는 중요한 요소다. 파티 전 음향 시스템을 꼼꼼하게 체크하고 럭키드로(lucky draw) 등의 간단한 이벤트와 함께 즐길 수 있는 프로그램 한두 가지만 준비한다면 파티 분위기를 고조시키는 건 어렵지 않다.

Business Party

기업의 비즈니스와 문화는 소비자의 라이프 스타일과 밀접한 연관이 있다. 때문에 파티가 대중화된 요즘, 기업과 브랜드들이 마케팅의 수단으로 비즈니스 파티를 진행하는 건 더 이상 색다른 이슈가 아니다. 온라인 소통에 몰두하던 소비자들이 오프라인에서 커뮤니케이션을 하고 기업의 제품 혹은 프로그램을 직접 체험해 보다 친밀해질 수 있는 수단으로 자리한 파티는 기업과 소비자 모두를 위한 윈윈 전략이다.

Donation Party

명칭부터 의미가 남다른 도네이션 파티는 일반인과 봉사자 간의 교류를 통해 기부금을 전달하는 방식에서 진화해 최근에는 콘서트, 마라톤, 강연 등 다양한 콘텐츠와 접목이 이뤄지고 있다. 기업 차원의 큰 파티가 아니더라도 가족과 친지, 친구들과 함께 재능을 나누고 기부를 하는 도네이션 파티는 국내 파티 문화를 좀 더 건전하게 발전시키는 역할을 하며 파티가 지닌 행복 나눔의 키워드를 실현하고 있다.

자료제공 : 파티클럽, 바이민 민보람, 민보연 (www.partycs.com / www.bymin.co.kr)

살면서
"미쳤다"라는 말을
들어보지 못했다면
당신은 단 한번도
목숨걸고 **도전**한 적이
없었던 것이다.
-W볼트-

"어떤 도전으로
우리가족을 웃게해 줄까?

파티를 준비하는 떨림이
변정수를 있게 한다!

저는 변정수의 남편입니다. 그동안 글을 써 달라는 요청을 몇 번 받기는 했지만 아내로부터 원고 청탁을 받으니 글 쓰기가 선뜻 내키지 않네요. 쑥스러운 마음에 이리저리 피하다가 원고 마감날이 되어서야 이렇게 글을 씁니다.

'변정수'란 이름 앞에는 언제나 다양한 수식어들이 따라다닙니다. 하지만 대학 후배로 만나 결혼하고 이젠 두 아이의 엄마가 된 변정수는 적어도 남편인 저에겐 '아내 변정수'가 가장 자연스런 수식어일 듯싶네요. 여자들에게 돌 맞을 고백을 하자면 '아내 변정수'에게 결혼 프러포즈를 한 적이 없습니다. 물 흐르듯 결혼이 너무나 당연했던 것이 뚜렷하게 기억나는 결혼 프러포즈가 없는 이유(혹은 변명)이죠. 두 해 전 갑자기 아내가 리마인드 웨딩을 하고 싶다고 했습니다. 그때 제 반응은 대부분의 한국 남편과 다르지 않았지요. 그저 마지못해 고개를 끄덕였지요. 강요된 긍정이었던 만큼 두어 달 가까이 홀로 리마인드 웨딩을 준비하며 고군분투하는 '아내 변정수'를 보고 있자니 미안한 생각이 들더군요.

그래서 떠올린 것이 바로 '플래시몹을 이용한 프러포즈였습니다(이 대목에서는 남자들에게 돌을 맞을지도 모르겠네요). 한번 해보자는 호기로운 생각으로 시작된 깜짝 프러포즈였지만 감동받은 건 아내만이 아니었습니다. 리마인드 웨딩이 있던 그날, 프러포즈를 하는 제 머릿속에 '아내 변정수'와 함께했던 지난 추억들이 폭풍처럼 떠올라 그만 아내도 울고 저도 눈물을 흘리고 말았습니다.

리마인드 웨딩은 단순히 우리 부부의 추억거리만은 아니었습니다. 아내는 그날 받은 축의금을 게스트들의 이름으로 '굿네이버스'에 전액 기부했고, 리마인드 웨딩 다음 날 신혼여행으로 네팔에 있는 우리의 가족 '뿌자'를 만나러 봉사활동을 떠났죠. 그리고 그때의 축의금 기부금으로 1년 후 아프리카 말라위에 '맘센터'를 건립하게 되었습니다. '아내 변정수'가 준비했던 파티는 나의 상상력을 뛰어넘은 더 큰 그림의 파티였던 것이죠. 남자로 태어났으면 장군감이었을 큰 사람입니다, 제 아내가 말이죠.

'파티'라는 단어는 제 나이의 남자들에게는 몸에 맞지 않는 옷처럼 어색한 단어일 수밖에 없습니다. 딱히 대신할 우리말도 없는 외국어, 나와는 다른 세계의 단어. 하지만 리마인드 웨딩 이후 저에게 '파티'는 긍정의 단어로 바뀌었습니다. 파티는 사랑하는 이들과 함께 기쁨을 누리고 추억을 공유하는 것이기 때문이죠. 이후 저는 '아내 변정수'의 훌륭한 파티 파트너로 변신하였습니다. 크고 작은 파티를 할 때마다 '아내 변정수'는 저와 상의하는 것을 좋아하는데 가끔은 의견 대립이 일어날 정도로 저도 파티의 의미를 즐기기 시작했죠.

가까운 지인 몇 명과 함께하는 나른한 휴일 오후의 작은 티파티부터 온 가족이 심혈을 기울이는 할로윈 파티까지 '아내 변정수'는 단언컨대 모든 열정을 다해 준비합니다. 자기에게 주어진 일을 대하는 진지함과 열정을 지켜보다 보면 '아내 변정수'가 아닌 '인간 변정수'에게 따뜻한 박수를 보내고 싶어집니다. 물론 이 모든 칭찬이 원고가 늦어진 것에 대한 미안함을 에둘러 표현한 것은 절대 아님을 밝혀 둡니다.

'인생은 태어나면서부터 파티'라는 '변정수'의 말처럼 세상에 태어난 모든 이들은 축복을 받고 행복한 삶을 살아야 합니다. 기획부터 출간까지 모든 열정을 쏟아 붓는 모습을 바로 옆에서 지켜보았기에 '이 책'은 틀림없이 많은 이들에게 좋은 정보로서 축복을 받을 것이라 믿어 의심치 않습니다.

변정수의 파티 파트너
남편 **유용운**

하루를 1년처럼 사는 여자, 변정수

그녀를 처음 만난 건 몇 년 전, 라리스튜디오에서의 '엄마와 딸'을 콘셉트로 한 매거진 촬영 현장이었다. 약속시간을 훌쩍 지나 도착할거라는 내 예상과는 달리 오히려 미리 도착한 그녀는 누구보다 먼저 스태프들에게 다가가 큰 소리로 인사를 건 넸다. 촬영장의 주인공인지 스태프인지 모를 정도로 촬영 내내 스튜디오 곳곳을 누비는 그녀의 모습은 꽤나 인상 깊었다.

그렇게 시작된 인연이 쭉 이어져 그녀의 리마인드 웨딩 프로젝트에 참여하게 되었다. 그동안 라이프 스타일의 진정한 시 작은 결혼이라고 주장해 온 나로서는 그녀가 17년의 결혼 생활을 기념하기 위해 준비한 리마인드 웨딩이 무척 흥미진진한 프로젝트로 느껴졌다.

리마인드 웨딩을 기획할 무렵, 그녀는 꿈꾸던 집을 갖게 되었고 예쁜 딸아이들도 제법 아가씨 티가 날 정도로 키워낸 상태 였다. 배우로서 자신의 영역을 가지고 있고, 현재진행형인 다양한 프로젝트들도 안정적으로 해내고 있었으니 그야말로 그 녀의 삶은 안정적인 균형을 이루고 있었다. 지금 이 순간이 행복했던 그녀는 현재를 공유하는 친구들과 이 순간을 기념하기 위한 특별한 이슈를 원했고, 이내 리마인드 웨딩을 결심했다(그 이면에는 개인적인 아픔도 있었지만 어쨌든).

파티를 직접 기획하고 집 안과 앞마당을 꾸미며 몇날 며칠 밤을 지새운 그녀는 지치지도 않는지 일일이 동네 이웃들의 집에 빨간 망토 차림으로 찾아가 집들이 겸 리마인드 웨딩 파티가 진행됨을 알렸다. 또한 손수 만든 초대장을 지인에게 돌리며 행복한 축하의 자리를 함께하기를 부탁했다. 세계 곳곳에서 변정수의 가족으로 살아가는 피부색이 다른 자녀들은 함께 자리하는 대신 편지와 영상을 보내 리마인드 웨딩을 더욱 풍성하게 했다. (특히 이 장면은 나에게 또 다른 감동을 선사하며 후원과 기부에 대해 다시금 생각하는 기회를 주었고, 결국 나는 이날을 계기로 또 한 명의 아들을 얻게 되었다.)

결심의 순간부터 파티의 마무리까지, 변정수의 리마인드 웨딩을 2개월간 함께 준비하며 난 그녀의 감각과 부지런함에 감탄하지 않을 수 없었다. 옆에서 지켜본 그녀는 자신의 안목으로 웨딩드레스를 고르고 스타일링하듯, 남편과 아이들의 라이프 스타일도 직접 스타일링해 왔다. 누군가의 눈에 의지하지 않고 모든 것을 자신의 안목으로 스타일링하는 변정수를 보며 여자의 안목이 가정 내에서 얼마나 중요한지, 그리고 그 안목이 단순히 외형적인 것들을 넘어 아이들의 사고방식과 교육에 얼마나 영향을 미치는지 직접 확인할 수 있었다.

리마인드 웨딩이 끝난 후 2년의 시간이 흘렀지만 우린 지금도, 여전히 새로운 일을 궁리하며 함께하고 있다. 언제나 유쾌하고 발랄한 그녀지만, 삶을 대하는 태도만은 언제나 진지하다. 하루하루를 소중하게 생각하고 잠들기 전 스스로에게 오늘 하루도 수고했다는 응원의 말을 건넨다는 그녀를 보며 난 늘 장난처럼 말한다. 언니의 하루는 1년 같다고.

자기의 삶을 귀하게 생각하기에 내 사람도 언제나 귀하게 여기는 그녀. 그 성격 탓에 찾는 곳도 많고 필요로 하는 곳도 많아 늘 바쁜 그녀지만 철저한 시간 약속, 몸을 사리지 않는 집중력, 스태프를 일일이 챙기는 자상함, 모든 것을 배려하는 자세는 언제나 변함이 없다. 끝도 없이 이어진 이 책 작업의 과정 속에서도 여전히.

그런 그녀와 발맞추어 걸으려면 나 역시 그렇게 변해야 한다. 바쁜 와중에도 오늘의 행복을 소홀히 하지 않는 그녀. 행복한 파티 이야기가 가득한 이 책이 가족의 특별한 일상을 만드는 데 도움이 되기를 바라며 오늘도 수고 많은 여러분의 건투를 빈다.

RARI C&C 이사
박근영

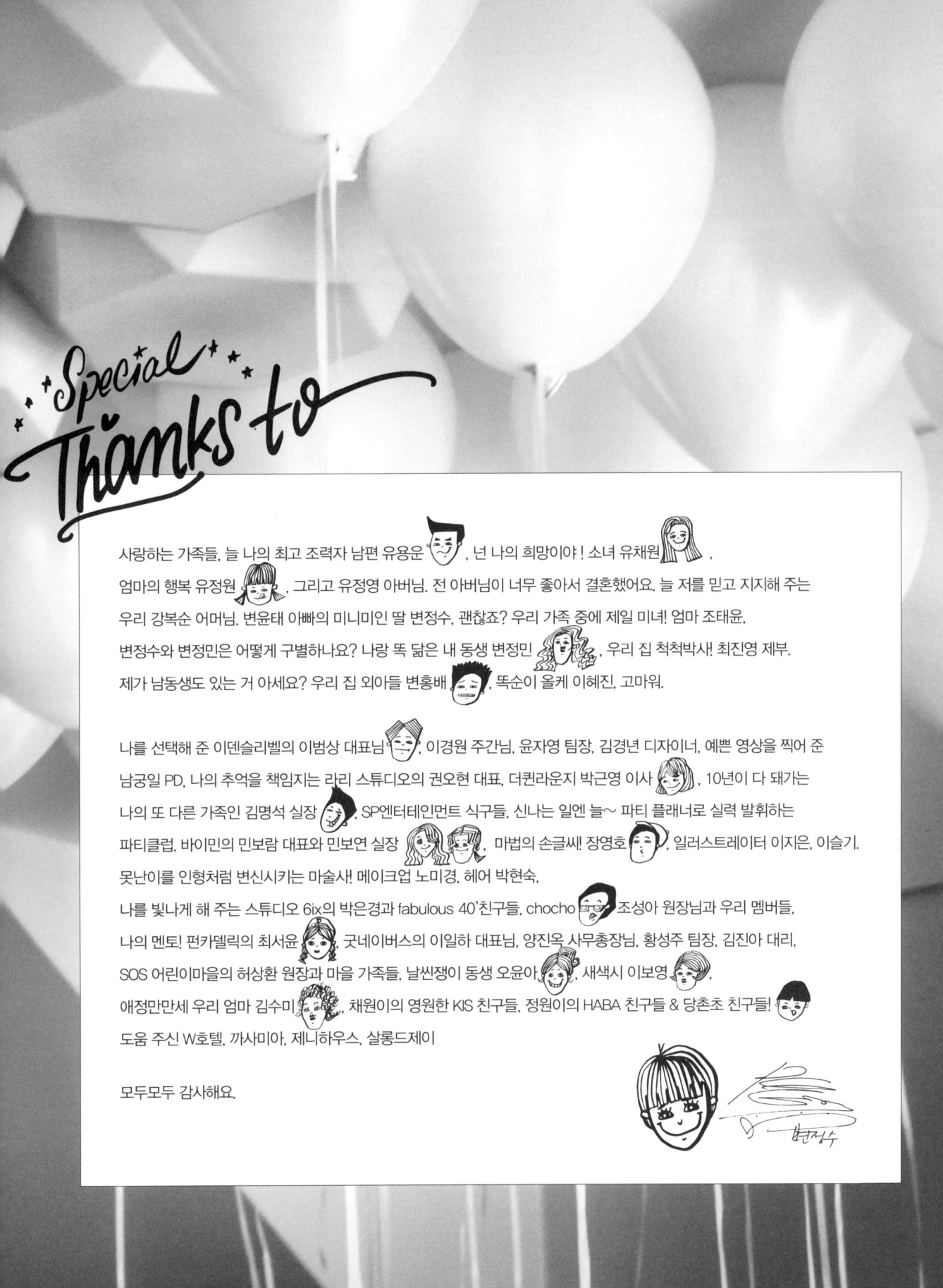

Special Thanks to

사랑하는 가족들, 늘 나의 최고 조력자 남편 유용운, 넌 나의 희망이야 ! 소녀 유채원,
엄마의 행복 유정원, 그리고 유정영 아버님. 전 아버님이 너무 좋아서 결혼했어요. 늘 저를 믿고 지지해 주는
우리 강복순 어머님. 변윤태 아빠의 미니미인 딸 변정수, 괜찮죠? 우리 가족 중에 제일 미녀! 엄마 조태윤,
변정수와 변정민은 어떻게 구별하나요? 나랑 똑 닮은 내 동생 변정민, 우리 집 척척박사! 최진영 제부.
제가 남동생도 있는 거 아세요? 우리 집 외아들 변홍배, 똑순이 올케 이혜진, 고마워.

나를 선택해 준 이덴슬리벨의 이범상 대표님, 이경원 주간님, 윤자영 팀장, 김경년 디자이너, 예쁜 영상을 찍어 준
남궁일 PD, 나의 추억을 책임지는 라리 스튜디오의 권오현 대표, 더퀸라운지 박근영 이사, 10년이 다 돼가는
나의 또 다른 가족인 김명석 실장, SP엔터테인먼트 식구들, 신나는 일엔 늘~ 파티 플래너로 실력 발휘하는
파티클럽. 바이민의 민보람 대표와 민보연 실장, 마법의 손글씨! 장영호, 일러스트레이터 이지은, 이슬기.
못난이를 인형처럼 변신시키는 마술사! 메이크업 노미경, 헤어 박현숙,
나를 빛나게 해 주는 스튜디오 6ix의 박은경과 fabulous 40'친구들, chocho 조성아 원장님과 우리 멤버들,
나의 멘토! 펑카델릭의 최서윤, 굿네이버스의 이일하 대표님, 양진옥 사무총장님, 황성주 팀장, 김진아 대리,
SOS 어린이마을의 허상환 원장과 마을 가족들, 날씬쟁이 동생 오윤아, 새색시 이보영,
애정만만세 우리 엄마 김수미, 채원이의 영원한 KIS 친구들, 정원이의 HABA 친구들 & 당촌초 친구들!
도움 주신 W호텔, 까사미아, 제니하우스, 살롱드제이

모두모두 감사해요.

변정수

PartyClub.ByMin

프리미엄 파티 플랜 & 스타일 파티클럽.바이민

파티클럽.바이민의 파티는 고객 한분 한분의 스토리에 감동을 더합니다.
단순한 파티 스타일링을 넘어 삶의 소중한 순간을 기념하고,
함께 기쁨을 나누는 일상을 특별한 파티로 만들어 드립니다.
파티클럽.바이민과 함께라면 평생 잊지 못할 추억을 만들 수 있습니다.

**센스있고
스타일리시한 파티를
준비하신다면
파티클럽.바이민과
함께하세요**

파티플래너 민보람.민보연

HOME PARTY 홈 파티
백일파티, 첫 돌파티, 키즈파티, 집들이 외
홈파티도 트렌디하게!

BUSINESS PARTY 비즈니스 파티
브랜드 런칭파티, 오프닝파티, 기념파티 외
비즈니스 파티도 전문 파티플래너와
함께하면 특별한 파티가 된다!

WEDDING PARTY 웨딩 파티
남들과 다르게!
하우스웨딩 파티, 브라이덜샤워 파티, 프리웨딩 파티,
리마인드 웨딩파티까지 꿈꾸는 웨딩을 현실로!

DIY PARTY 파티박스
내가 직접 준비하는 파티에 간단한 파티소품만 더해도
센스만점! 스타일리시한 파티가 된다!

파티 가렌드, 오너먼트 외 파티 데코레이션 소품을
베이비, 키즈, 웨딩, 캠핑 등 다양한 컨셉으로 구성된
파티박스를 만나볼 수 있습니다.
(파티 소품 패키지 및 개별 판매)

문의 02. 501. 3521
파티 갤러리 www.partycs.com / 파티소품 e-Shop www.bymin.co.kr

Wedding

두 사람의 러브 스토리부터

Family

내 아이의 성장 스토리까지

Friendship

그리고 나와 내 친구들이 함께하는

이 순간까지도,

RARI 가 함께 했습니다.

Now, Keep your happiness in mind.
At this moment it'll be a history of your life.

———————————

지금, 기록하세요. 이 순간이 당신 가족의 역사가 될 거에요.

간단 안주의 황홀한 유혹

❶ 강지수의 탐나는 술안주

30분이면 뚝딱 술이 맛있어지는 깡지의 비밀 레시피
술맛 아는 여자, 그래서 더욱 안주에 예민한 미각을 가진 저자가
소문난 술집보다 더 맛있는 안주 레시피를 공개한다. 독특한 메
뉴들이지만 만들기가 쉽다는 것이 가장 큰 특징. 어떤 술안주를
선택하든 커다란 만족을 얻을 것이다.

강지수 지음 | 280쪽 | 23,800원 | DVD 포함

뷰티블로거 유진상의 셀프네일

❷ 유진상의 탐나는 네일아트

5분 터치로 손이 예뻐지는 러블리 네일아트 67가지
매일 1만 5천 명 이상이 방문하는 네이버 블로그 '유진상의 셀프
네일'의 뷰티블로거인 최유진이 블로거 1천만 명이 추천한 베스
트 네일아트를 선별해 소개한다. 간단히 따라 할 수 있는 쉬운 디
자인에서 난이도가 있는 디자인까지 다양하게 담고 있어 무궁무
진한 네일아트의 세계를 만날 수 있다. 유진상의 깨알 팁에서는
방문자들이 자주 묻는 질문들만 골라서 셀프네일의 궁금한 것
들을 속 시원히 풀어 준다.

최유진 지음 | 228쪽 | 23,800원 | DVD 포함

'세계 라떼아트 챔피언십' 우승자!

❸ 하루나의 탐나는 라떼아트

가정용 에스프레소 머신이 일반화된 요즘, 간단한 도구만 있다면
누구나 라떼아트를 할 수 있다. 이 책은 라떼아트 초보자들을 위
해 재료와 도구부터 손질 노하우는 물론 전문가의 테크닉까지
알차게 담아 기본부터 고급까지 라떼아트의 기술을 한 눈에 볼
수 있도록 구성했다. 커피 전문점에서 특별하게 즐겼던 라떼아트
를 이제 셀프로 즐기며 일상 속에서 커피 한 잔의 여유를 갖자.

마라야마 하루나 감수 | 116쪽 | 18,500원 | DVD 포함

변정수의 탐나는 하우스 파티

매일 시끌벅적한 정수제비네 홈파티 이야기

초판 1쇄 인쇄 2014년 8월 18일
초판 1쇄 발행 2014년 9월 1일

지은이 변정수
펴낸이 이범상
펴낸곳 ㈜비전비엔피 · 이덴슬리벨

기획편집 이경원 박월 윤자영 강찬양
아트디렉팅 라리씨앤씨 박근영
진행 윤자영 변정아
파티자문 파티클럽. 바이민 민보람 민보연
디자인 김혜림 김경년 손은이 funkadelic최서윤
사진 라리스튜디오
영상촬영 · 편집 올리빈픽처스 남궁일
캘리그라피 장영호
마케팅 한상철 이재필 김희정
전자책 김성화 김소연
관리 박석형 이다정

협조 굿네이버스(www.goodneighbors.kr 02-6717-4000), SOS어린이마을(www.seoulsos.com 02-2692-0253)
SP엔터테인먼트(www.sp-entertainment.co.kr/enter/ 070-7119-5289), **까사(www.casa.co.kr 1544-7525)**
W호텔(www.wseoul.com 02-465-2222), 제니하우스(www.jennyhouse.co.kr 02-3448-7116), 살롱드제이(www.sugarcraft-j.com 02-3445-7682)
주소 121-894 서울특별시 마포구 잔다리로7길 12(서교동)
전화 02)338-2411 **팩스** 02)338-2413
홈페이지 www.visionbp.co.kr
이메일 visioncorea@naver.com
원고투고 editor@visionbp.co.kr

등록번호 제313-2009-96호

ISBN 978-89-91310-57-5 (13690)

· 값은 뒤표지에 있습니다.
· 파본이나 잘못된 책은 구입처에서 교환해 드립니다.

이 도서의 국립중앙도서관 출판시도서목록(CIP)은 서지정보유통지원시스템 홈페이지(http://seoji.nl.go.kr)와
국가자료공동목록시스템(http://www.nl.go.kr/kolisnet)에서 이용하실 수 있습니다.(CIP제어번호: 2014022536)